ständighet och derför ville passa tillfället att fåta åran 2,)
af reformernas genomförande. Han ⁓ binder vid sig
borgerskapet genom näringsfrihet och frihandel, med
vissa inskränkningar naturligtvis, upptäcker qvinnans
magt och beviljar systrar lika arfsrätt med bröder,
utan att samtidigt låtta brödernas bördor såsom blifvande
familjeförsörjare. I borgarståndet finner hans regering
sitt stöd gentemot adeln med Hartmansdorff och
emot presterskapet hvilka utgöra oppositionen.

Ännu hvilar samhället på klasser, hemligen naturliga grupper
efter yrken och sysselsättningar, hvilka hållas i schack
mot hvarandra. Detta system bibehåller medför den en viss
skenbar demokratiskhet i lifvet, åtminstone i de högre
klasserna. Man har ännu icke upptäckt de gemensam-
ma intressen som sammanhåller sönk de öfre
Ad ringarne och ännu finnes ej den nya slagord-
ningen fylkad efter öfver- och underklass.

Derför äro ännu inga särskilda qvarter i staden
der öfverklassen bebor hela huset, afsöndrade genom

TILL BORDS MED STRINDBERG

*"Hungern, som vid första uppbrusningen lagt
sig, började återigen vakna upp. Då kom en ny
förfärlig tanke över honom som han av feghet
icke vågat tänka ut: var skall jag få middag?"*

Bokens recept avser i regel 4 portioner

Copyright färgfoton (utom sid 126, 129, 130,132 och 139) © 1998 Solveig Edlund
Formgivning Bo Berling
Redaktör Gunilla Lonæus
Repro Punkthuset, Mölndal
Graphicom Vicenza/Printer, Trento 2000
ISBN 91-3-452008-2

TILL BORDS MED

TEXT

CATHARINA SÖDERBERGH

FOTO

SOLVEIG EDLUND

KOCK

JOHNNY JOHANSSON

ALBERT BONNIERS FÖRLAG

August Strindberg och Siri von Essen i Gersau i Schweiz 1886.

Inledning

Ett gästabud i god stämning och hjärteglad anled-
ning, efter utståndna mödor och lidanden, kan likna
en högtid, en kärleksmåltid. Och eget är, att när man
"har lov" att glädjas med sina vänner, så smakar allt
så förträffligt; intet fattas på bordet, vinet är under-
bart fastän så enkelt, kaffet väcker beundran, utan
att vara beundransvärt; man känner en god välvillig
ande i rummet som unnar en ett ögonblicks vila och
hugsvalelse och som stämmer in sinnen och förenar
hjärtan.

(Ur "Fariséer" i *En ny blå bok*, s 713)

God mat tillsammans med vänner! Det är kan-
ske det som August Strindberg uppskattar allra
mest. Både hans böcker och hans brev vittnar
om det. Han är den ständigt hungrige.

Vad är det då för mat som Strindberg tycker
om?

Jo, biff, ärtsoppa, stuvad abborre, kräftor, hum-
mer, löjrom med lök, och mycket annat – och
kaffe förstås.

Strindberg är inte känd som någon finsmakare.
Men hans intresse för mat går som en röd tråd
genom hans liv och författarskap. Strindberg har
ett mycket personligt förhållande till mat. Verner
von Heidenstam har träffande skildrat det efter
ett möte med honom:

"Du, 'tjensteqvinnans son', grinar illa åt hvad
hundradetals bortskämda turister förtära med
aptit. (...) Du började med missnöje öfver sam-
hället o slutar med missnöje öfver biffar, foreller

o allt för gredelina biljardbollar.

(...) Jag tror hela din vitalitet ligger just i din
stora kinkighet."

I *Till bords med Strindberg* vill jag med hans egna
ord, dåtida bilder och vackra färgfotografier speg-
la hans stora matintresse, men också andra aspek-
ter av hans liv, verk och de miljöer han rörde sig
i och som fortfarande finns kvar.

Idén att skriva denna bok var ett ögonblicks
verk. Att förverkliga den har tagit år. Det har
varit en process som inte hade gått att genom-
föra utan det ovärderliga stöd som jag fått av
säkert över hundra personer. Ett särskilt tack vill
jag rikta till min familj och tre kvinnor. De är:

Fotografen, Solveig Edlund, som fångat atmo-
sfären från den tid då Strindberg och hans vän-
ner avnjöt den ena läckra måltiden efter den
andra.

Min mor, Greta Willers, som hjälpt mig "att
minnas" hur det var förr i tiden på hennes far-
fars och August Strindbergs tid.

Ägarinnan till Apollo Antikhandel i Stock-
holm, Kerstin Larsson, med vars hjälp vi har
kunnat duka borden så festligt att till och med
en kräsen värd som Strindberg hade gillat det.

Johnny Johansson, krögare på Wärdshuset
Lasse Maja i Barkarby, som utifrån tidstypiska
recept anrättat Strindbergs favoriträtter vill jag
också tacka speciellt.

Catharina Söderbergh

Förord

*Biff Strindberg var det första jag som ung kock i Frankfurt
lärde känna om Sverige. Det var för mig en kulinarisk fullträff
med rena råvaror: biffkött, hackad lök, senap, och ägg. August
Strindberg hade respekt för kvalitet, för det enkla och rena.
Det värmer mitt hjärta.*

*Strindberg visste att det krävs bra råvaror för att skapa god mat.
Han hade till och med egen köksträdgård, när det fanns sådana
möjligheter. Jag skulle önska att alla kockar var lika grundliga.
Strindberg hade kunnat bli en restaurangman av högsta klass.*

*För Strindberg hade varje rätt sin säsong. Gås i november,
fettisdagsbullar i fastan, kräftor i augusti, jordgubbar på sommaren,
ärtsoppa och plättar på torsdagar.*

*Strindberg är samtidigt jordnära och visionär. Han är husfadern
som planerar veckomatsedeln. Han är lika hemtam på restauranger
i Stockholm som på caféer i Paris och värdshus i Schweiz.*

I TILL BORDS MED STRINDBERG *lär vi känna hans matvanor:
från den enkla, ärliga husmanskosten till lyxmat som hummer,
ostron och rysk kaviar.*

*August Strindberg är inte bara en stor författare, han är också
en stor gastronom!*

Han är odödlig och det är även hans mat!

Werner Vögeli

Innehåll

Rädd och hungrig

– Vill du ha biffstek?
– Ja, då!
Han hade icke ätit biffstek mer än
två gånger i sitt liv.
– Smör, ost och brännvin;
och två halva öl!

Johan August Strindberg föds den 22 januari 1849 i Sundhetscollegiets hus på Riddarholmen. I samma hus har hans far som är ångbåtskommissionär sitt kontor. Nedanför vid Riddarholmskajen ligger de ångbåtar som fadern förser med passagerare och gods.

Dåtidens stockholmare byter ofta bostad och det gör familjen Strindberg också. När Johan August är bara två år flyttar familjen till Drottninggatan 74 och därifrån till Klara Västra Kyrkogata 15. En stor del av sin uppväxttid bor Strindberg på olika malmgårdar vid Norrtullsgatan.

När August Strindberg är 5–6 år går han i småbarnsskolan hos fru Svanström och fröken Tydén i Klara Bergsgränd. Vårterminen 1856 börjar han i Klara skola. Både Strindberg och flera av hans skolkamrater har vittnat om lärarnas skräckregemente och kamraternas pennalism.

Under Strindbergs tid växer och förändras Stockholm mycket. Det gamla försvinner, malmarna byggs ut och förses med breda avenyer. Gaslyktorna och fotogenlamporna byts ut mot elektriskt ljus. Avträden på gården och vinden mot vattenklosetter. På sin skolväg genom staden ser August Strindberg som liten smutsen, fattigdomen, rucklen, de stora sociala skillnaderna. Det nya som växer fram förebådar en ljusare framtid.

När August Strindberg är sju år flyttar familjen till Norrtullsgatan. Fyra gånger om dagen får han gå den långa vägen genom staden mellan hemmet och skolan. På bilden har han hunnit bli 13 år.

I första delen av *Tjänstekvinnans son* skildrar Strindberg sin familj och sin uppväxttid:

(...) familjen själv är icke någon fullkomlig institution. Uppfostran hann ingen med, och den tog skolan hand om, där pigorna slutat. Familjen var egentligen ett matinstitut och en tvättnings- och strykningsanstalt, men en oekonomisk sådan. Aldrig annat än matlagning, torgköp, kryddbospring, mjölkmagasinsärender. Tvättning, strykning, stärkning och skurning. Så många krafter i gång för så få personer. Källarmästarn som gav mat åt ett par hundra använde knappt mera.

(Ur *Tjänstekvinnans son I*, s 14)

Av de tre äldsta bröderna är en moderns favorit, en faderns. Men den yngste, Johan, Strindbergs alter ego, är ingens. Strindberg beskriver sig själv som ett ensamt, vekt barn.

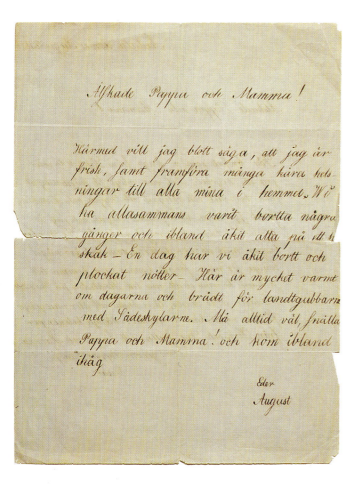

August Strindbergs mor Ulrika Eleonora Norling. Sommaren 1858 är Strindberg och hans äldre bror Oscar inackorderade i Årdala klockargård. Den 11 augusti skriver han sitt första bevarade brev till föräldrarna.

Gossen var ytterst känslig. Grät så ofta att han erhöll ett särskilt öknamn därför. Ömtålig för en liten anmärkning, i ständig oro att begå ett fel. Men vaksam på orättvisor, och genom att ställa höga fordringar på sig noga på vakt på brödernas fel.

(Ur *Tjänstekvinnans son I*, s 15)

Strindberg skriver *Tjänstekvinnans son* som 37-åring. Men ändå känns hans smärta lika stark som i barndomen. De första förnimmelser som han kommer ihåg och låter huvudpersonen Johan berätta handlar om fruktan och hunger:

Det var icke direkt fattigdom i huset, men det var överbefolkning. Barndop, begravning, barndop, begravning. Ibland två dop utan begravning emellan. Maten rationerades ut och var icke just kraftig: kött syntes endast om söndagarne.

(Ur *Tjänstekvinnans son I*, s 18)

Strindberg föds på Riddarholmen. Familjen flyttar snart
därifrån, men fadern behåller sitt kontor i samma hus
med Wrangelska palatset strax intill.

Strindberg slukar spännande äventyrsböcker som
Robinson Crusoe och Oliver Twist. I den stora
världsatlasen är Afrikas inre fortfarande en vit fläck
som fascinerar inte bara Livingstone och Stanley utan
också skolpojkar. Mindre lockande är läxläsningen och
den kallnade, klimpiga gröten i kakelugnsnischen.

En annan bild får man i fadern Carl Oscar Strindbergs dagbok från 1862. Varje dag får var och en i familjen närmare ett kvarts kilo kött eller fläsk. Något som måste anses rikligt. Det är ett välmående hem. Någon "tjänstekvinnans son" är August Strindberg minst av allt. I olika minnesbilder berättar syskonen om ett stort hem där man musicerar, spelar teater på vinden och rasar runt i den stora trädgården. Strindberg är ofta ledare och regissör. Samtidigt berättar de att han är ytterligt blyg och håller sig undan när det kommer främmande.

Somrarna tillbringar August och hans bröder hos olika klockare runt Mälaren. Ombord på faderns ångbåtar ser Strindberg grönskande stränder med betande kor glida förbi och får en kärlek till naturen som räcker livet ut.

Ett par år går och August trivs bättre med skolan och kamraterna, liksom med syskonen och föräldrarna hemma. Men den våren han fyller tretton dör hans mor Ulrika Eleonora i tbc. Inom ett år gifter fadern om sig med sin trettio år yngre husmamsell Emilia Charlotta Pettersson. Något som Strindberg har svårt att förlika sig med:

På bröllopet gjorde han revolt. Han steg icke fram och kysste bruden såsom de andra syskonen, och han drog sig ifrån dansen tillbaka till toddygubbarne där han berusade sig något.

Nu skulle straffet komma och han själv brytas ner. (…) Ingen gratulerade honom och han fick icke genast gymnasistmössa. Varför? Skulle han stukas eller ville icke fadren se hans lärdom i yttre tecken. (…) Han var den enda som hade gått utan den sedvanliga mössan en lång tid. Den enda! Utpekad ensam, förbigången ensam!

Därpå nedsattes frukostpengarne, som i skolan varit fem öre till fyra. Detta var en onödig grymhet, ty huset var icke fattigt och en yngling behöver mer mat. Följden blev den att Johan aldrig åt frukost, ty tolvskillingen för veckan gick åt till tobak. Han hade nu en förfärlig aptit och var alltid hungrig. När det var kabeljo till middan åt han sig trött i käkarne men gick hungrig från bordet. Fick han då absolut för litet mat? Nej, ty det finnes millioner kroppsarbetare som få mycket mindre, men de högre klassernas magar måtte vara anpassade för starkare och mera koncentrerad föda. Han mindes därför hela sin ungdom som en lång svält.

(Ur *Tjänstekvinnans son I*, s 87f)

När familjen flyttar till malmgården Loviseberg vid Norrtullsgatan börjar ett nytt liv med nyttiga sysslor och vilda lekar. Här finns en stor trädgård med fruktträd, bärbuskar, blommor och grönsaker.

Som 16-årig gymnasist får Strindberg en första ljuvlig föraning av de kulinariska fröjder som dåtidens restauranger kunde bjuda sina gäster. I *Tjänstekvinnans son* låter han Johan berätta hur en äldre skolkamrat lockar honom till källaren Tre Remmare, den från Bellman kända krogen vid Regeringsgatan:

De gingo in på källaren. En skön lukt av biffstek slog emot dem; kyparne togo av rockarne och hängde upp hattarne.

– Matsedeln! ropade vännen med säkerhet, ty han åt på källare sedan ett par år!

– Vill du ha biffstek?

– Ja, då!

Han hade icke ätit biffstek mer än två gånger i sitt liv.

– Smör, ost och brännvin; och två halva öl!

Utan vidare slog han i supen.

– Nej, men, jag vet inte om jag törs!

– Har du aldrig supit förr!

– Nej!

– Ah ta'n du, den gör så gott!

Han tog den. Åh! Det värmde i kroppen, tårarne stego upp i hans ögon, och en lätt dimma lägrade sig över rummet; men genom töcknet klarnade det upp; och krafterna växte, tanken arbetade, synpunkterna blevo nya, och allt det mörka flydda ljusnade. Och så den saftiga köttbiten. Det var mat. Vännen åt ost-smörgås till. Johan sade:

– Vad säger källarmästarn om det!

Vännen log som en farbror emot honom.

– Ät du, det kostar lika mycket!

– Nej men ostsmörgås till biffstek. Vilket oskick. Men Gud vad det var gott! – Han tyckte sig aldrig ha ätit förr. Och så öl.

– Ska vi ha en hel halvbutelj var, är du galen?

Så var det då att äta en gång! Det var ingen så tom njutning (...).

(Ur *Tjänstekvinnans son I*, s 114f)

Strindberg känner hur biffsteken ger honom kraft. Han är ingen blek, stukad yngling längre, utan ser tillvaron och livet i ett rosenrött skimmer. Tio år efter episoden på Tre Remmare skriver han i ett brev till vännen Eugène Fahlstedt om sin hunger som ingen vardagskost kan stilla:

Jag känner mig mägtig skrifva kröningsvers för ett halft dussin ostron som min blodlösa kropp behöfver, jag skall gå till nattvarden för en biffstek. Alla försut-na middagar ropa på hämnd, alla inställda njutning-ar ryta som lejon (...).   (18.4.1875)

Det är därför ganska lätt att förstå att Strindbergs namn inom kokkonsten ofta förknippas med en biffrätt: Biff Strindberg. Rätten lanserades från början i Tyskland. Förmodligen har Strindberg beställt biffstek på en restaurang enligt ett recept som köksmästaren sedan tagit fasta på. Känne-tecknande för Biff Strindberg är att det är helt kött, ibland två lager kött med senap emellan och mycket lök.

Kött och i synnerhet då biff ser Strindberg som ett överklassens speciella njutningsmedel. Men i romanen *Röda rummet* skildrar han matens roll i en fattig arbetarmiljö. En snickare håller en föreläsning för en ogift mor med en rad skrikande ungar:

– (...) Jag har läst i ett blad att det är den satans potatisen, som gör att de fattiga får så mycket barn, för ser ni, potatis innehåller två materier eller krop-par, som kallas syra och kväva; när de förekommer under ett visst sammanhang och i myckenhet så bli kvinnorna fruktsamma.

– Nå, hur skall man hjälpa det då? frågade den vredgade modern, vars känslor lagt sig under åhöran-det av den intressanta föreläsningen.

– Man ska låta bli att äta potatis, kan ni väl begripa!

– Vad ska man äta då, om man inte får äta pota-tis?

– Biffstek, käring, ska du äta! Biffstek med lök! Va! Går det an det? Eller chattå-briang!

(Ur *Röda rummet*, s 171)

BIFF STRINDBERG

Ingredienser: Biff ca 130 g/1 cm tjock per person, 1 finhackad lök, 4 msk senap, 2 äggulor.

Blanda senap och äggulor till en smet. Stryk smeten på ena sidan av biffen och strö hackad lök på. Lägg sedan biffen i stekpanna med smeten uppåt. Vänd biffen en gång och stek på andra sidan. Man kan också ta något tunnare biffar och lägga ihop biffarna två och två med smet emellan. Serveras med stekt eller kokt potatis.

Student i Uppsala

*Matkorgarne buros in och man dukade upp
biffstekar och smöraskar, brödkorgar, soppterriner,
vinbuteljer, konjakskaraffer och brännvinsflaskor.*

På våren 1867 tar August Strindberg studenten i Lyceum. Under gymnasietiden är han under några skollov bland annat informator på Hammersta, ett gods söder om Stockholm.

I princip stämmer det dock att Strindberg åker "direkt från barnkammaren till Uppsala", som han själv uttrycker det.

Strindbergs far vill helst att han ägnar sig åt något praktiskt istället för att studera. På flera ställen låter Strindberg sitt alter ego berätta hur han tigger fadern om pengar till studierna.

I andra delen av *Tjänstekvinnans son*, "Jäsningstiden", skildrar han sin första termin i Uppsala:

*Johan hyrde tillsammans med vännen Fritz ett rum
i Klostergränden. Där var två sängar, två bord, två
stolar och ett skåp. Det kostade 30 kronor i termin,
alltså femton kronor per man. Middagen hämtades
av städerskan för tolv kronor i månaden, eller sex
kronor per man. Morgon och afton förtärdes ett glas
mjölk och ett smörbröd. Det var allt.*
    (Ur *Tjänstekvinnans son II*, s 171)

På ett annat ställe i boken berättar Strindberg om sina drömmar. Han hoppas att Uppsalatiden skall göra honom till man och en samhällsnyttig

medborgare. Men studentlivet i Uppsala gör honom inte bättre rustad. Fortfarande känner han sig behandlad som en oduglig pojkspoling.

Universitetet har Strindberg inte heller mycket till övers för. Här finns i hans ögon inte enda framstående lärare. Några är tvärtom gamla och rentav förfallna "toddygubbar".

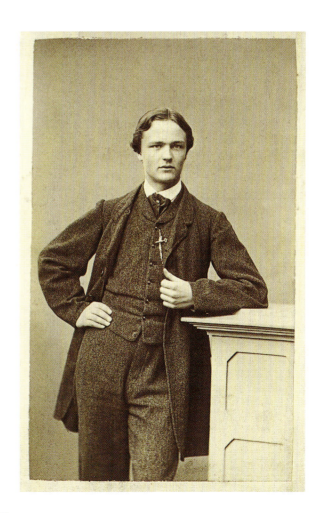

August Strindberg skriver hem och berättar att han trivs med friheten i Uppsala. Han promenerar, äter och umgås. Maten är ibland "tarflig", men ibland vankas också biffstek och champagne.

I ett brev till sin far hösten 1867 berättar Strindberg hur han rättar "mun efter matsäcken" och lever ganska gott på 40 öre om dagen. Men mathållningen är ojämn. Första middagen kommer gumman som hämtar maten visserligen med både dillkött och buljong, men så lite att det inte mättar den ständigt hungrige.

I novellsamlingen *I vårbrytningen* skildrar han livfullt studentlivet i Uppsala:

— Skriv färdigt konceptet innan maten kommer – varnade en äldre kund — jag känner till det där.

Man skrev nu allt vad tygen höllo och klockan slog 1. Allmän resning, sträckningar och gäspningar! Matkorgarne buros in och man dukade upp biffstekar och smöraskar, brödkorgar, soppterriner, vinbuteljer, konjakskaraffer och brännvinsflaskor.

Gamla Kuggis har blivit förvandlad till en festsal; det är en bankett av egendomligaste slag.

En tjock teolog med servetten knuten om halsen är nog oblyg att mitt över rummet trycka en jurist i ett glas portvin.

Korkar smälla, knivar och gafflar skramla; en har tagit av sig i skjortärmarne och undrar om inte en cigarr… En annan börjar sedan han petat tänderna med en trädgårdskniv att vissla en okänd melodi.

I ett brev till sin äldste bror berättar Strindberg om studentlivet i Uppsala.

Och vakthavande docenten, han vänder ryggen åt
alltihop, stirrar ut genom fönstret och äter ett hop-
slaget smörbröd.

Här dränktes betänkligheterna och i glädjen fatta-
de mången det välvisa beslutet att skjuta upp hela
skrivningen till hösten (...).

(Ur *I vårbrytningen,* s 142)

Men studentlivet är inte bara fest och spektakel.
Som den gode iakttagare Strindberg är beskriver
han också vardagslivet:

Han äter middag hemma ur mathämtaren och alltid
i sällskap med någon likasinnad. Han har alltid 25
halvbuteljer öl vid dörren, och blir samtalet livligt, så
kan han glömma sig kvar vid bordet ett par timmar
med ölglaset och pipan; men sedan sover han middag
till klockan 7.

(Ur *I vårbrytningen,* s 126)

Med Strindberg som medelpunkt bildar några
gamla vänner och skolkamrater från Stockholm
ett litterärt sällskap – Runa. De ursprungliga åtta
medlemmarna tar var sin runa till signatur, som
de låter ingravera i en ring av stål. Strindbergs
runa är F. Hans runbror U, publicisten och poli-
tikern Axel Jäderin ger en levande bild av den
unge Strindberg:

"Han var så ynglingaaktig. Stormaren anades
kanske av ett och annat drag, men vi drömde
aldrig om honom som någon nedrivare eller ny-
danare. Mot sina vänner var han jämn och hjärt-
lig, han värderade vår vänskap. Han var glad och
trevlig, händig och vaken iakttagare, men knap-
past praktisk. Han blev lätt missmodig och tviv-
lade på sig själv. Han suddade inte, läste flitigt."

Strindberg är damernas favorit. Hans gestalt
är fint bildad, huvudet intressant och hållningen
äger en viss elegans. Han flirtar inte, men är hel-

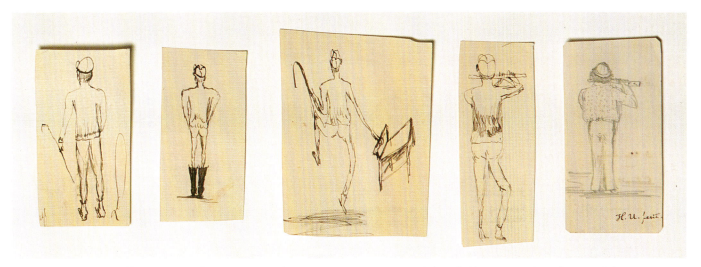

Sommaren 1872 tillbringar Strindberg på Kymendö tillsammans med tre uppsalakamrater: Eugène Fahlstedt, Hugo von Philp och Algot Lange. Strindberg är duktig på att rita och gör små blyertsteckningar av dem.

ler ingen kvinnohatare utan sätter kvinnan högt.

Som student är August Strindberg en mångfrestare. Han läser estetik och moderna språk, filologi (språk- och litteraturvetenskap), astronomi och statskunskap. Men framför allt börjar han också skriva. Hans tidiga pjäser "I Rom" och "Den fredlöse" uppförs på Dramaten i Stockholm.

Under åren 1867–72 vistas han sammanlagt tre terminer i Uppsala. I mellanperioderna prövar han på att vara folkskollärare i sin gamla skola, informator och skådespelare. När han är i Stockholm längtar han till Uppsala och när han väl är där vantrivs han. I mars 1872 avbryter han definitivt sina studier i Uppsala och reser tillbaka till Stockholm.

Uppsala domkyrka och slottet reser sig högt över stadskvarteren nere vid Fyrisån. I läsrummet på Stockholms nation träffar Strindberg kamraterna från Stockholm.

Uppsala. Domkyrkan.

H. OSTI, UPSALA.

SPARRISSOPPA

Ingredienser: 400 g färsk sparris, ½ l vatten, ½ l sparrisspad, 1 hönsbuljongtärning, 1 msk smör, 1 msk mjöl, 2 dl grädde, 1 msk hackad persilja, salt och peppar.

Skala sparrisen och skär den i bitar om ca 2 cm. Koka i saltat vatten i 20 min. Ta en halv liter spad och en halv liter vatten och koka ihop med hönsbuljongtärningen och grädden. Låt koka i ca 5 min och red sedan med smör och mjöl. Smaka av med salt och peppar och låt koka i ytterligare 5 min. Vänd sedan ner sparrisbitarna och persiljan och låt det endast få ett uppkok. Servera!

RÅGKAKOR

Ingredienser: 50 g smör, 5 dl mjölk, 50 g jäst, 1½ tsk salt, 2 msk sirap, ½ msk anis, ½ msk fänkål, 13–14 dl rågsikt.

Smält smöret i en kastrull. Häll i mjölken och värm till 37 grader. Smula ner jästen i en bunke och rör ut den med lite av degspadet. Tillsätt resten av degspadet, saltet, sirapen, kryddorna och nästan allt mjöl. Arbeta degen väl. Låt degen jäsa ca 30 min. Knåda degen lätt på mjölat bakbord. Dela den i fyra delar och forma till runda bullar. Platta ut dem till runda kakor och lägg dem på två smorda plåtar. Nagga kakorna med en gaffel och ta ut ett hål i mitten med en äggkopp eller litet glas. Låt jäsa under bakduk ytterligare 30 min. Grädda 12–15 min i ugnen (225 grader). Låt kakorna svalna under bakduk.

Gamla Kuggis finns fortfarande kvar alldeles intill domkyrkan. Idag inryms bland annat historiska institutionen och dess bibliotek där.

En väldig sexa

*På Borgs befallning dukades nu en
väldig sexa. Man satte sig till bords
under en hotfull tystnad.*

I *Röda rummet* berättar Strindberg om sitt ung-
karlsliv. Vännerna träffas i Röda rummet innan-
för Berns salong, ett populärt ställe för tidens
intellektuella. Vid en sexa löser Strindberg och
hans vänner tidens problem.

De flesta har ont om pengar. Och ingen kan
skildra den ensammes hunger som Strindberg.
I novellen "Måste" berättar han om en ensam
midsommar i ett folktomt Stockholm. Hans
värdinna har just meddelat att hon tänker åka
med sin syster till Mariefred.

Magistern – Strindbergs alter ego den här
gången – gör upp program för dagen:

*Klockan två, tänkte han, när paraden väl har gått,
och folkströmmen upplöst sig, går jag ner på källaren
och äter middag; sedan tar jag bokhandlarn med mig
till Strömsborg; där är tyst och stilla i dag och där
dricka vi kaffe och punsch tills det blir kväll, då vi
återvända till Rejners (så hette källaren vid Berzelii
Park).*

*På slaget två, tog han sin hatt; borstade sig
omsorgsfullt, och gick ut.*

*– Jag undrar om de ha stuvade abborrar i dag,
tänkte han. Och om man skulle kosta på sig sparris,
efter som det är midsommarsdagen!*

(Ur *Giftas I*, s 88)

Strindberg som ung debattlysten författare i
Röda rummet. Ungefär en gång i månaden kan
man fortfarande få uppleva atmosfären och de
heta diskussionerna från Strindbergs tid när
Publicistklubben sammanträder på Berns.

Magistern spatserar ner till Berzelii park:

*Så kom han fram till glasverandan och skulle lägga
handen på källardörrens låsvrede, ännu en gång
tänkande på de sköna abborrarne, "med mycket
persilja", då han med ens får se ett vitt papper med
något skrivet på, som hängde på glasrutan. Han
behövde icke läsa det, ty han visste vad det innehöll:
att källaren var stängd över midsommardagen (...).*

(Ur *Giftas I*, s 88)

*Det var en afton i början av maj. Den lilla trädgården
på Mosebacke hade ännu icke blivit öppnad för all-
mänheten och rabatterna voro ej uppgrävda; snödrop-
parne hade arbetat sig upp genom fjolårets lövsam-
lingar (…).*

*(…) solen stod över Liljeholmen och sköt hela
kvastar av strålar mot öster; de gingo genom rökarne
från Bergsund, de ilade fram över Riddarfjärden,
klättrade upp till korset på Riddarholmskyrkan,
kastade sig över till Tyskans branta tak, lekte med
vimplarne på Skeppsbrobåtarne, illuminerade i fönst-
ren på Stora Sjötullen, eklärerade Lidingöskogarne
och tonade bort i ett rosenfärgat moln, långt, långt ut
i fjärran, där havet ligger. Och därifrån kom vinden,
och han gjorde samma färd tillbaka, genom Vaxholm,
förbi fästningen, förbi Sjötulln, utmed Siklaön, gick
in bakom Hästholmen och tittade på sommarnöjena;
ut igen, fortsatte och kom in i Danviken, blev
skrämd och rusade av utmed södra stranden, kände
lukten av kol, tjära och tran, törnade mot
Stadsgården, for uppför Mosebacke, in i trädgården
och slog emot en vägg.*

Så börjar Strindbergs genombrottsroman *Röda rummet*. Med några snabba penndrag målar han upp staden nedanför. Vid en toddy och dagens nummer av Dagens Nyheter sitter han och väntar på en herr Struve, en gammal journalist på den tidens skvallerblaska Gråkappan.

Samtidigt som Strindberg 1879 ger ut sin roman kommer C E Hagdahls bok *Kok-konsten som vetenskap och konst*. Med stor inlevelse berättar Strindberg om hur de båda konstnärsbohemerna Sellén och Olle Montanus försöker att stilla sin hunger med att läsa kokböcker:

– Vad vill du ha för slag, då? sade Olle och bläddrade i boken. Vill du ha en fiskrätt; vet du vad Marjonäs är?

– Marjonäs? Neej! Läs det! Det låter gott!

– Hör på nu då! "139. Marjonäs. Smör, mjöl och litet engelsk senap sammanfräses och uppvispas med god buljong. När den kokar, ivispas några äggulor; varefter den får kallna."

– Nej, fy tusan, det där blir man inte mätt på…

– Åh det är inte slut än. "Fin matolja, vinättika, litet grädde och vitpeppar" – ja jag ser nu att det duger inte. Vill du ha något stadigare.

– Slå upp kåldolmar, det är det bästa jag vet!

(Ur *Röda rummet*, s 241f)

I en utkyld ateljé, kanske inte lika stor och ståtlig som Eldhs i Bellevueparken, läser de båda konstnärsbohemerna kokboksrecept högt för varandra. Skulptören Carl Eldh är mycket yngre än Strindberg, men de blir så småningom vänner och Eldh har bland annat gjort den stora Strindbergsskulpturen i Tegnérlunden.

(...) *sedan tågade de ner till Röda Rummet.*

Berns Salong hade vid denna tid just börjat spela sin kulturhistoriska roll i Stockholmslivet i det att den tog döden på det osunda café-chantant-livet, vilket under en period av sextiotalet florerade, eller grasserade i huvudstaden och därifrån spred sig över hela landet. Här samlades vid sjutiden skaror av ungt folk, vilka befunno sig i det abnorma tillstånd som inträder då man lämnar föräldrahemmet och räcker tills man kommer i eget; här suto skaror av ungkarlar, som flytt den ensliga kammaren eller vindskupan för att få sitta i ljus och värme och träffa en mänsklig varelse att samtala med. Värden på stället hade gjort flera försök att roa sin publik med pantomim, gymnastik, balett och så vidare, men man hade så tydligt visat honom, att man icke gick dit för att bli road, utan för att få vara i fred, att man sökte ett samtalsrum, ett samlingsrum, där man var viss på att man när som helst kunde leta upp en bekant; och

som musiken icke utgjorde något hinder för samtals förande, tvärtom, så tolerades den och ingick så småningom i stockholmarens aftondiet bredvid punschen och tobaken. Så blev Berns Salong hela Stockholms ungkarlsklubb. Och där valde kotteriet sig sin vrå, och Lill-Jansboerna hade åt sig inkräktat det inre Schackrummet innanför södra läktarn, vilket i anseende till dess röda möblemang och för korthetens skull så småningom antog namn av Röda Rummet.

(Ur *Röda rummet*, s 73f)

På Borgs befallning dukades nu en väldig sexa. Man satte sig till bords under en hotfull tystnad. Brännvinet användes omåttligt av Struve och Borg. Den senares ansikte liknade ett par nedspottade kakelugnsluckor; röda fläckar slogo upp här och där och ögonen blevo gula; Struve liknade däremot en fernissad eidamerost, jämnröd och flottig.

(Ur *Röda rummet*, s 199)

ASSIETTER

Var ofta flera till antalet och bestod av olika varma och kalla smårätter som kanapéer med varm stuvning, sandwiches med olika pålägg, sillinläggningar och annat. Gubbröra var en omtyckt anrättning.

GUBBRÖRA

Ingredienser: 1 gul lök, 3–4 ägg, ca 8–10 ansjovis-filéer, 1–2 msk hackad dill.

Hårdkoka äggen i ca 10–12 min och spola dem kallt. Skala och hacka löken och äggen. Hacka ansjovisen och blanda alltihop med dillen till en röra. Värm. Serveras på rostat bröd.

FÄRSK SPARRIS

Skala sparrisen noga och skär bort den träiga biten längst ner (ca 2 cm). Koka sparrisen i saltat vatten i en vid kastrull i 20 min.

KÖTTBULLAR

Ingredienser: 500 g blandfärs, 2 dl grädde, 1 gul lök, 1 ägg, 2–3 kokta kalla potatisar, 3 msk smör, salt, vitpeppar, kryddpeppar.

Skala och finhacka löken och fräs den i lite fett. Riv potatisen fint på rivjärn. Blanda därefter färsen, löken, potatisen, ägget och grädden. Smaka av med kryddorna. Forma till fina bullar och stek dem runtom i ca 3–5 min.

STUVAD ABBORRE

Ingredienser: 6 st flådda, urtagna hela abborrar, 1 morot, 1 purjolök, 2 lagerblad, 6 vitpeppar-korn, 12 sparrisstänger, 1½ dl grädde, 1 dl vitt vin, salt och peppar, persilja.

Skär abborrarna i bitar och skölj dem i kallt vatten. Skala och skär moroten och purjolöken i bitar och lägg dem i en kastrull tillsammans med vitt vin, vitpepparkornen, saltet, lagerbladen och 4–5 dl vatten.

Koka upp lagen och lägg sedan i abborr-bitarna och låt dem sjuda i ca 10 min. Tag sedan upp bitarna och sila av spadet i en annan kastrull och låt koka ytterligare ca 10 min. Slå på grädden och låt det koka ihop tills det fått en simmig konsistens. Smaka av med salt och peppar. Låt koka upp. Serveras med sparris och kokt potatis. Glöm inte persiljan!

En briljant frukost

*(…) han ger henne [pigan] order att gå ner på
Tre Remmare och beställa en frukost, genast, men
'briljangt' skall den vara. Porter och bourgogne!*

I både böcker och brev frossar Strindberg i frukostbordets alla härligheter. I *Tal till den svenska nationen* lyfter han också fram frukostbordets historiska betydelse och drar paralleller mellan Sandels bekanta frukost i Pardala by, rysk-japanska kriget och diskussioner i samband med unionskrisen 1905.

Frukost – Frühstück – betyder ju tidig måltid. Strindberg brukar äta en lätt frukost innan han ger sig ut på en tidig morgonpromenad. Redan vid sjutiden tar han en rask promenad antingen ut mot Djurgården eller på de ännu folktomma gatorna i Stockholms centrum. När han kommer hem sätter han sig genast vid skrivbordet och fäster på papperet det han tänkt på under promenaden.

Men frukost kan man äta allt ifrån tidiga morgon till fram till ett på dagen. Det är lätt att se när man läser Strindberg.

Frukosten är en viktig måltid på hans tid. Dr Hagdahl ägnar ett helt kapitel åt frukosterandet i sin berömda kokbok:

Öfverallt der middagstimmen blifvit framflyttad till kl. 5–6, vare sig för att förlänga arbetsdagen eller för att följa modet i den stora verlden, har frukosten omkring kl. 12–1 också blifvit en nödvändighet, som erfordrar vissa smärre rätter, lätta att tillaga, men ändock angenäma, särdeles för alla dem, som anse frukosten såsom sin bästa måltid. Frukosten bör dock icke få störande inverka på aptiten för den kommande middagen; för en första njutning uppoffrar man icke den kommande; klokheten tager dem båda.

Lätta, tilltalande ägg- och fiskrätter, vol-au-vent och bouchéer med passande fyllning hafva företräde framför de tyngre köträtterna (…).

Oftast består frukosten av gröt, ägg, smörgås och en lagad rätt som pyttipanna med stekt ägg, omelett, köttbullar eller små korvar.

I ett brev till Edvard Brandes skriver Strindberg från Othmarsingen i Schweiz 9 juni 1886:

Här dryper landet af mjölk och honing.
För 3 Fr 50 har jag hel pension. Min frukost är furstlig. Kaffe, mjölk, skorpor, bröd, smör, ost, honing, sylt, ägg så många jag vill äta.
Det är Schlaraffenland. Men endast på aflägsna orter; de stora stråkvägarne äro besatta med hotellröfvare.

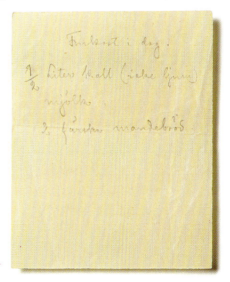

På små lappar beställer Strindberg frukost.

I *Giftas*-novellen "Kärlek och Spannmål" är Strindberg på ypperligt humör och berättar om hur han som nygift ordnar med frukosten efter bröllopsnatten. Han väcker pigan och ger henne order att gå ner på Tre Remmare och genast beställa frukost med orden:

(...) 'briljangt' skall den vara. Porter och bourgogne! Källarmästarn vet nog för resten. Hälsa från mig bara!

Och så går han och knackar på sängkammardörrn.

— Får jag komma in?

Ett litet skrik: Nej min vän dröj lite!

Och så dukar han själv. Och när frukosten kommer lägger han upp på deras nya assietter. Och så krusar han servetterna. Och så torkar han vinglasen. Och så sätter han brudbuketten i ett glas framför fruns kuvert. Och när hon slutligen kommer ut i den stickade morgonrocken, och solen bländar henne, får hon en liten svimning, bara en liten så att han får henne ner i fåtöljen framför frukostbordet. Och nu måste frun ta en liten liten kumminsup i ett likörglas, och så en kaviarsmörgås. "Åh så roligt! Man får ju göra precis som man vill när man är gift! Tänk, vad skulle mamma säga om hon såg sin Louise supa." Och han serverar henne och springer och passar opp alldeles som hon vore hans fästmö ännu. Vilken frukost efter en sådan natt! Och ingen har rätt att "säga något". Och det är rätt och riktigt, och man roar sig med det allra bästa samvete, och det är det roligaste av alltsammans. Han har nog förr varit med om sådana frukostar, men vilken himmelsvid skillnad! Olust, oro, han ville inte tänka på det! Och när han efter ostrona dricker ett glas äkta Göteborgsporter, då kan han icke nog förakta alla ungkarlar. "Tänk såna dumma människor som inte gifta sig! Sådana egoister; skulle det inte vara skatt på dem som på hundar!" Men frun vågar invända, så vänligt och undfallande som möjligt, att "hon tycker det nog är synd om de stackarne ändå, att icke alla ha råd att gifta sig, ty hade de råd, skulle de nog gifta sig allesammans!" Och notarien känner

en tagg i hjärtat, och blir rädd ett ögonblick, som efter att ha varit övermodig. Hela hans lycka vilade ju på en ekonomisk fråga, och om, om... Bah! Ett glas bourgogne! Nu skulle det bli arbeta av! De skulle få se!

Och så kommer en stekt orre med lingon och Västeråsgurkor. Frun blir litet häpen, men det är så roligt.

— Kära Ludvig lilla, och hon lägger sin darrande lilla hand på hans överarm, ha vi råd med detta! Hon säger lyckligtvis vi!

— Bah! En gång är ingen gång! Sen få vi äta sill och potatis!

— Äter du sill och potatis?

— Tror ja det!

— Ja när du har varit ute och rumlat och får en chateaubriand ovanpå!

— Hon skulle inte prata! Nej, skål! Det var en makalös orre! — Och så kronärtskockor!

— Nej men är du alldeles förryckt Ludvig! Kronärtskockor den här årstiden! Vad ska inte de kosta?

— Kosta? Äro de inte goda? Nå! Det är ju huvudsaken. Och så vin! Mera vin! Tycker du inte att livet är skönt! Åh! Det är härligt, härligt!

(Ur *Giftas I*, s 65ff)

STEKT ORRE

Ingredienser: 1 orrhöna, 2–3 skivor späck, 3 dl grädde, 1 buljongtärning, 1 tsk rönnbärsgelé, 2 msk smör, 2 msk mjöl.

Orren blir saftigast om den får ligga i mjölk över natten. Krydda den både inuti och utanpå. Bind upp fågeln med späckskivorna. Be gärna affären att hjälpa dig med detta! Stek fågeln i en långpanna i ugnen (175 grader) eller bräsera den i en stekgryta ovanpå spisen. Orren är färdig när det går lätt att sticka genom låret och köttsaften är klar. Serveras med gelé samt brynt potatis.

Frukostmotivet finns med i många av Strindbergs berättelser. I "Fröken Julie" tilldrar sig en viktig del av handlingen i herrgårdsköket, där Jean gör i ordning herrns frukostbricka.

Husmanskost

Enkel kvällsvard är till ända
Flickan dukar av vårt bord;
Låt oss ljus i kronan tända
Natten uti dag att vända
Natten är till nöjet gjord!

August Strindberg förälskar sig häftigt i Siri von Essen, medan hon är gift med C G Wrangel. I mars 1876 kommer det till ett avgörande. Strindberg skriver ett tjugo sidor långt brev där han förklarar Siri sin kärlek med orden: "Min eld är den största i Sverige." August Strindberg är också den stora kärleken i Siri von Essens liv. Ständigt återvänder Strindberg till sitt första möte med Siri von Essen:

Det var på Drottninggatan
En brinnande junidag
På trånga trottoaren
Vi möttes du och jag.

Din fladdrande blåa slöja
Är ännu lika blå,
Den är visst ej densamma
Men alltid densamma ändå.

Håll av på fockeskotet
Ty havsjö börjar gå.
Vi fruktar väl inga stormar
Men hemma vänta de små!

(Ur "Segling" i *Dikter på vers och prosa*, s 87f)

Det är på försommaren 1875 som Strindberg blir sammanförd med det teaterintresserade paret Wrangel. Friherrinnan Wrangel – Siri von Essen – drömmer om att bli skådespelerska och Strindberg uppmuntrar henne. Han blir snart en trägen gäst i det Wrangelska hemmet, där också Siris unga, vackra kusin Sofia In de Betou befinner sig. Under gemensamma utflykter smeker Wrangel Sofia och låter Strindberg kurtisera hustrun.

På hösten försöker Strindberg dra sig ur och bestämmer sig för att resa till Paris. Men redan i Dalarö hoppar han av båten och skickar telegram till Wrangels att han blivit sjuk. Hemkommen till Stockholm fortsätter Strindberg umgänget.

Sedan Strindberg en kväll gått hem ber Wrangel Siri att få gå in till Sofia. Siri von Essen skriver samma kväll till Strindberg och berättar alltihop. Morgonen dagen därpå skriver Strindberg ett brev, där han rasar mot "vännen Carl".

Men först året därpå blir skilsmässan från Wrangel klar. Den 30 december gifter sig August Strindberg och Siri von Essen. Några släktingar och vänner är bröllopsvittnen vid vigseln i den egna våningen. Det finns många vittnesbörd om Strindbergs kärlek och omtanke om sin hustru från de första åren:

"Älskade vän, du, det enda som kan locka mig att lefva qvar på den här jorden", skriver han kärleksfullt till henne när de är åtskilda några dagar sommaren 1878.

Samtidigt tycker Strindberg att det är viktigt att man och hustru är jämbördiga. Egna sovrum och egen ekonomi. Han tar därför initiativet till att han och hustrun låter upprätta äktenskapsförord. Där framgår det att Siri von Essen har med sig en mindre förmögenhet i boet i form av värdepapper.

Siri står också för det mesta bohaget. Inte mindre än tre soffor, en chiffonjé, tre fåtöljer, arton stolar, två stora speglar, familjeporträtt, bronskandelabrar, matsilver och mycket annat

för hon med sig till det nya hemmet. Lägenheten på tre rum och kök ligger bara ett par minuters promenad från Augusts arbetsplats Kungliga biblioteket i Humlegården. Hans bidrag till det nya hemmet är mindre ståtligt.

August är morgonpigg och arbetar bäst tidigt på dagen. Redan klockan sex är han ofta i farten. Siri är det tvärtom med. De sena kvällarna vid teatern gör att hon gärna ligger och drar sig till långt fram på förmiddagen. Att ha skilda sovrum är därför ganska praktiskt. Det är gott om stilla hemmakvällar. Strindberg har väl beskrivit stämningen i dikten "Högsommar i Vinter":

Ute braskar vinterkvällen
Gatan ligger tyst och mörk
Draget skakar kaklugnsspjällen
Och av porten höres skrällen
När som vinden går i durk.

Enkel kvällsvard är till ända
Flickan dukar av vårt bord;
Låt oss ljus i kronan tända
Natten uti dag att vända,
Natten är till nöjet gjord!

Jag skall fälla ner gardinen
Att ej grannen här oss ser;
Jag slår vin på karaffinen,
Och med vackra solskensminen
Sätt dig vid pianot ner.

(Ur *Dikter på vers och prosa*, s 89)

38

Samtidigt som Strindberg gifter sig flyttas
Kungliga bibliotekets boksamlingar över från
ena slottsflygeln till det nya stora biblioteket
i Humlegården. Tillsammans med några
arbetskamrater "firar" Strindberg flytten
med ett dryckeslag i de gamla lokalerna.

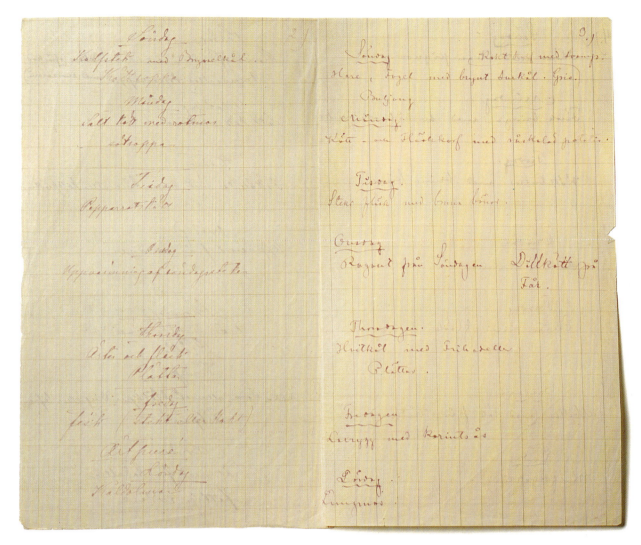

August Strindberg gör som nygift upp förslag till middagsrätter för två veckor framåt.

VINTERMATSEDEL

SÖNDAG: Buljong, hare, fågel med brynt surkål, gris, kokt kalv med svamp

MÅNDAG: Kött eller fläskkorv

TISDAG: Stekt fläsk med bruna bönor

ONSDAG: Dillkött

TORSDAG: Vitkål med frikadeller, plättar

FREDAG: Laxrygg med korintsås

LÖRDAG: Lungmos

SÖNDAG: Höns med champignoner

MÅNDAG: Färsk bringa med surkål och gurksås

TISDAG: Köttbullar med bruna bönor

ONSDAG: Kåldolmar

TORSDAG: Ärtor med fläsk och plättar

FREDAG: Sillbullar med korintsås

LÖRDAG: Kalvkyckling

(*Reservrätter:* Lapskojs och sylta med rötter)

STEKT HARE MED KULPOTATIS

Ingredienser: 6 hg harfilé, 1 lök, 1 bit selleri, 6–8 krossade enbär, 100 g haricots verts, 10 stora potatisar, 5 msk svart vinbärsgelé, 1 msk hackad persilja, 3–4 msk smör, 1 msk mjöl, 1 dl rödvin, 2 dl vatten, salt, peppar.

Skär löken och sellerin i små bitar. Putsa haren fri från senor. Stek sedan filén runtom i stekpanna tillsammans med enbären, löken, sellerin och senorna i ca 6–8 min. Ta upp filéerna och linda in dem i smörpapper och låt dem vila en stund. Slå sedan på rödvin och vatten och koka ur stekpannan ordentligt. Sila av skyn i en kastrull och låt spadet koka ytterligare en stund. Smaka av med gelé, salt och peppar. Red med lite smör och mjöl. Skala potatisarna och använd ett kuljärn för att forma dem runda. Koka dem sedan nästan färdiga och låt svalna. Stek dem färdiga i smör, strö över hackad persilja. Rensa och koka bönorna i saltat vatten. Lägg upp och strö över hackad lök. Skiva harfilén och lägg upp den tillsammans med bönorna. Servera kulpotatis, gelé, ättiksgurka och sås till.

KOKT KÖTTKORV

Ingredienser: 6 hg köttkorv, 1 lök, 2 morötter, 1 kålrot, 2 lagerblad, 6 vitpepparkorn, 1 buljongtärning, 2 msk smör, 1–2 msk mjöl, salt och peppar.

Koka upp 1 l vatten med 1 buljongtärning, skivad lök, skivade morötter, lagerblad och vitpeppar. Skiva köttkorven i ganska tjocka skivor och lägg i kastrullen. Låt sjuda i 4–5 min. Skala kålroten, skiva och skär den i trekanter. Koka sedan skivorna i vatten i 6–7 min. Tag därefter kålrotsskivorna och vänd dem i mjöl, salta och peppra och stek dem gyllenbruna i smör. Serveras med kokt potatis och senap.

Gumman grät och slogs i två dagar. Därpå torkade hon sina tårar och började salta kött, stoppa korv och hacka lungmos. Och där åt man kött varenda dag och sorgen var tung; aldrig hade man trott att det skulle vara så tungt att hålla köttdagar.

(Ur *Svenska öden och äventyr*, s 108)

STEKT FLÄSK

Ingredienser: 400 g rimmat, skivat sidfläsk.

Skär av svålen på fläsket. Lägg skivorna i en upphettad stekpanna. Stek fläsket i sitt eget fett i ca 2 minuter på varje sida tills skivorna har blivit knapriga.

BRUNA BÖNOR

Ingredienser: 4 dl bruna bönor, 1 l vatten, salt, 1 msk ättika, 2 msk sirap, potatismjöl.

Blötlägg bönorna i 10–12 timmar. Slå bort vattnet och fyll på med friskt lättsaltat vatten. Låt koka i ca 1 timme. Red av bönorna med lite potatismjöl och vatten till lagom konsistens. Smaksätt bönorna med sirapen och ättikan till sötsur smak.

KOKT KALV I DILLSÅS

Ingredienser: ca 1 kg tärnad kalv, 1 morot, 1 bit purjolök, 2–3 dillstjälkar, 6–8 vitpepparkorn, 1 tsk salt.

Till såsen: 1 msk smör, 2 msk mjöl, 5 dl buljong, 2 msk hackad dill, 1½ msk ättika eller citronsaft, 1 msk socker, 1 dl grädde.

Börja med att koka upp köttet i lättsalt vatten och spola det sedan i kallt vatten. Lägg köttet i en kastrull och fyll på med vatten tills det täcker. Låt koka och skumma väl. Tillsätt sedan de övriga ingredienserna och låt sakta koka i 1½ timme. Sila av köttet och håll det varmt. Gör såsen genom att smälta smöret och tillsätta mjölet. Slå på buljongen och låt koka i ca 5 min. Smaksätt med ättika/citronsaft och socker tills såsen blir sötsur. Avsluta med att tillsätta grädden och låt såsen koka i ytterligare 5 min. Slå sedan på såsen över köttet och tillsätt den hackade dillen. Låt koka upp. Får inte koka för länge.

VITKÅLSSOPPA

Ingredienser: ca 750 g vitkål, 1 l kött- eller skink-spad, 5 kryddpepparkorn, 1 tsk kummin, 2 msk smör.

Kålen skärs i fina strimlor och bryns i omgång-ar i lite smör. Koka upp kött- eller skinkspadet i en gryta. Tillsätt kryddorna och kålen. Låt koka i 15–25 min eller tills kålen är mjuk. Soppan ser-veras med kalvfrikadeller.

KALVFRIKADELLER

Ingredienser: ca 200 g kalvfärs, ¼ dl osötat strö-bröd, ¾ dl mjölk, 1 litet ägg, salt och peppar.

Blötlägg ströbrödet i mjölken. Blanda ägg, kalv-färs, salt och peppar och vänd i ströbrödsbland-ningen. Forma färsen till små bullar med en sked och låt dem sjuda i buljong/saltat vatten tills de flyter upp. Lägg därefter frikadellerna i vitkåls-soppan och låt koka någon minut.

LAXRYGG

Ingredienser: 4 ryggbitar av lax (ca 150 g/st), salt, peppar, 3–4 msk siktat rivebröd, 3 msk smör, 2 dl gröna ärtor.

Gnid in laxbitarna i salt och låt dem ligga i 4–5 timmar så att de blir lätt rimmade. Peppra sedan på bitarna och vänd dem i rivebrödet. Smörstek laxen långsamt i stekpanna tills den fått en fin gyllenbrun färg. Serveras med korintsås, kokt potatis och ärtor.

KORINTSÅS

Ingredienser: 2 msk korinter, 3 dl vatten, 1 dl köttbuljong, 2 msk mjöl, 3 msk smör, sirap, ätti-ka, soja.

Koka korinterna mjuka i vattnet. Fräs 2 msk smör och pudra på 2 msk mjöl. Slå på spadet från korinterna och köttbuljongen. Såsen skall bli simmig. Smaka av med sirap och ättika till sötsur smak. Lägg i korinterna och 1 msk smör. Tillsätt lite soja för att ge såsen färg.

LUNGMOS

Ingredienser: 1 hjärtslag (hjärta och lungor) av kalv eller svin, 2 rödlökar i skivor, 10 kryddpepparkorn, 10 vitpepparkorn, 2 lagerblad, 1 tsk timjan, 1 tsk mejram, 1 purjolök, 1 liten morot, 1 liten bit selleri, 3 rensade ansjovisar passerade genom sikt, 2 msk mjöl, smör.

Koka upp köttet hastigt, låt koka i 1 minut, slå av vattnet och spola köttet ordentligt med kallt vatten. Sätt på det igen, koka upp, skumma och lägg i lagom med salt, kryddorna och rötterna utom den ena rödlöken. Koka långsamt under lock tills allt känns mjukt (ca 2 tim). Plocka upp hjärt- och lungbitarna, sila lite buljong över och låt det svalna. Hacka det därefter fint eller kör det genom köttkvarnens grova skiva. Hacka och fräs den återstående rödlöken. Pudra över med mjöl. Späd med den silade buljongen tills det blir en simmig sås. När den kokat i 5 min blandas det malda eller finhackade hjärtslaget ner. Rör om ordentligt och smaka av med salt, peppar, lite finstött mejram, den passerade ansjovisen och eventuellt lite ansjovisspad. Serveras rykande varm med inlagda rödbetor samt eventuellt stekta ägg.

KOKT HÖNA MED CHAMPINJONSÅS

Ingredienser: 1 broiler eller större kyckling på ca 1½ kg, 1½–2 l vatten, 2–3 tsk salt, 1–2 lökar i klyftor, 1 morot i bitar, 8 vitpepparkorn, 2 kryddnejlikor, 1 lagerblad, persiljekvistar.

Fågeln kan kokas hel eller i halvor. Koka upp kycklingen i vatten och salt. Skumma. Tillsätt sedan kryddor och grönsaker. Ungefärlig koktid 40 min–1 timme. Lyft upp fågeln, ta bort skinnet och dela den i portionsbitar. Sila buljongen. Håll köttet varmt medan du gör såsen.

CHAMPINJONSÅS

Ingredienser: färska, djupfrysta eller konserverade champinjoner, hönsspad, 2 msk smör, 2 msk mjöl, ½ dl grädde.

Fräs champinjonerna i smör i en stekpanna, pudra mjölet över, späd med spadet tills såsen blir lagom tjock, vispa ner grädden precis före serveringen, smaka av.

FÄRSK OXBRINGA

Ingredienser: ca 1 kg färsk oxbringa, 1 morot, 1 bit purjolök, 1 bit rotselleri, 6 vitpepparkorn, 1 lagerblad, 1 tsk timjan.

Koka upp vatten i en lagom stor kastrull och lägg i bringan. Låt koka upp och skumma väl. Lägg därefter i de rensade grönsakerna och kryddorna. Låt koka till köttet är riktigt mört (1½ –2 tim). Ta upp bringan och låt den ligga svalt under press i ca 5–6 tim. Sila av spadet från grönsakerna. Skiva bringan och värm i spadet. Servera med surkål.

Att tillreda hemlagad surkål tar 1–2 veckor. En beskrivning av hur det går till finns på s 147.

Köttbullar med bruna bönor se s 29 *och* 43

KÅLDOLMAR MED RÅRÖRDA LINGON

Ingredienser: 1 vitkålshuvud på ca 1 kg, 2 dl kokt rundkornigt ris, 150 g nötfärs, 150 g fläskfärs, 2 ägg, 1½ dl mjölk, 1 medelstor finhackad gul lök, smör, sirap, salt och peppar.

Koka upp lättsaltat vatten i en stor kastrull. Lossa bladen från vitkålshuvudet och skär bort bladnerven. Förväll sedan bladen. Blanda färsen med äggen, löken, mjölken och riset. Smaksätt med salt och peppar. Fördela smeten på kålbladen, vik in sidorna och rulla ihop till dolmar. Bryn sedan dolmarna försiktigt i en stekpanna och lägg dem sedan i en långpanna. Slå på vatten i stekpannan och vispa ur. Slå skyn över dolmarna i långpannan. Avsluta med att ringla sirap över dolmarna. Ställ in långpannan i ugnen (175 grader) och låt stå och bräsera i ca 30–40 min. Serveras med lingon och stekskyn, kokt potatis eller potatismos.

Ärtor med fläsk och plättar se s 91

SILLBULLAR

Ingredienser: 1 flådd stor salt sill, 300 g köttrester (kokta), 4 medelstora kokta potatisar, 1 rödlök, 1–2 ägg, 2 msk mjölk, 2 msk smör, vitpeppar.

Bena ur sillen väl och lägg den i mjölk i några timmar. Mal sedan sillen fint tillsammans med köttresterna, potatisen och rödlöken. Blanda samman färsen med äggen och mjölken och smaka av med en nypa vitpeppar. Forma sedan färsen till ca 1½ cm tjocka och 4–5 cm stora bullar. Stek bullarna sakta i smör. Serveras med korintsås.

Korintsås se s 44

KALVKYCKLING

Ingredienser: 8 tunna skivor kalvkött (ca 600 g tillsammans), persilja, smör, buljong, kryddor.

Hackad persilja, smör och kryddor blandas till en massa. Lägg en klick på varje kalvskiva, rulla och fäst ihop med en tandpetare. Stek sakta i smör på båda sidor, späd med buljong till dess köttet blivit mört. Avred såsen med grädde. Servera med haricots verts och tärnade rotfrukter (morötter, rotselleri och kålrot).

… jag skulle helst vilja ha fest varenda kväll, musik, sång, kandelabrar, blommor, vin, men arbetet ville jag ändå ha på förmiddagen för att ge mig aptit till middan och sömn till natten.

(Ur *Taklagsöl*, s 140)

Försommarmiddag i Madam Flods trädgård

Det finns mycket att fira på Kymendö.
Dop, namnsdagar och nya sommargäster...

Under de många utlandsåren är det två saker som Strindberg ständigt längtar efter: skärgården och svensk husmanskost.

Några mestadels lyckliga somrar på Kymendö ger honom rikligt av bäggedera. 1871 flyttar Strindberg för första gången ut till Kymendö. I *Tjänstekvinnans son I* skriver han att han efter en tvist med fadern "gick ut och lånade hundra kronor av en välvillig köpman, och så reste han ut med tre förbundsbröder till en ö i skärgården, där de inackorderade sig hos en fiskare för trettio kronor i månaden". (s 328)

Strindberg far med ångbåt från Stockholm. Precis som vi gör än idag stiger han ombord vid Strömkajen nedanför Grand Hôtel. Från Dalarö ros eller seglas han över till Kymendö. Att det kan bli en vådlig färd för landkrabbor skildras i inledningen till *Hemsöborna:*

Och så kommo de äntligen i båt, men Carlsson ville styra, och det kunde han inte, för han hade aldrig sett en råseglare förr, och därför skrek han, att de skulle hissa focken, som inte fanns.

Och på tullbryggan stodo lotsar och vaktmästare och grinade åt manövern, när ekan gick över stag och länsade ner åt Saltsäcken.

— Hörru, du har hål i båten! skrek en lotslärling genom vinden; "stopp till! stopp till!" och medan Carlsson tittade efter hålen, hade Clara knuffat undan honom och tagit roret, och med årorna lyckades Lotten få ekan opp i vinden igen (...).

(Ur *Hemsöborna*, s 7f)

Sommaren 1872 återkommer Strindberg till-sammans med tre uppsalakamrater. I Storstugans gavelrum författar han prosaupplagan av *Mäster Olof.* Han är då tjugotre år. I *Tjänstekvinnans son III,* "I Röda rummet", skriver han:

Stycket kom till under två sommarmånaders stilla, regelbundna, sunda liv, utan dryckenskap. Havsluft, simturer, segelfärder, fiske, fäktning, lekar i det fria, mjölk, och tidigt gående i säng gjorde själ och kropp spänstiga. Frihet från societetsliv, konvenans och alla samhällsband höll anden modig och hänsynslös.

(s 29)

På Susannadagen gästas Strindberg av sina syst-rar. De är med och firar Susanna Elisabeths, dvs "Madam Flods", namnsdag tillsammans med hela gårdsfolket.

I en artikel i Dagens Nyheter skildrar han entusiastiskt skärgårdslivet på Kymendö:

Här finns vilda branta klippstränder med måsar och strandvräkta likvita träbåtar till Staffage; här finns dalsänkningar med parknatur; kungliga ekar åtföljda av förnäma prydliga hasselbuskar på gräsmatta; här finns vassvikar med Mälarstämning, ståndkrokar och andkullar; här finns moar med hjortron och odon-tuvor samt albuskar med orrar uti; detta inom en ö som ej är ¼ mil lång.

Sommaren 1873 tillbringar Strindberg liksom de båda föregående somrarna ute på Kymendö tillsammans med ett par goda vänner. De har eget hushåll och har städslat en skärgårdsflicka som piga. Men denna sommar blir inte lycklig som de tidigare. Ekonomin är dålig och han själv deprimerad.

Först sju år senare – 1880 – återvänder Strind-berg till Kymendö. Denna gång med Siri von Essen och deras lilla dotter Karin. August Strindberg är nu en etablerad författare och har gjort succé med *Röda rummet.* Efter någon vecka skriver han:

Undertecknad lefver i ett paradis och njuter av en sådan sällhet långt bort från de satans menniskorna och tidningsskrifvarne (= Djuren!) att han icke vågar omtala det (...).

(19.7.1880)

Jag har redan blifvit fet som ett svin! Så här ser jag ut! skriver Strindberg till Pehr Staaff i maj 1882.

Madam Flods stuga med gavelfönstret där pastor Norström enligt muntlig tradition hissades ut när han berusad somnat i bröllopssängen.

På Kymendö vandrar de mellan ekar och hassel-
buskar, över stubbåkern in i granskogen, går på
dragvägen där hjulspåren efter oxarna trängt
djupt ned i jorden till strandängen, badar, seglar
och plockar svamp.

Det finns också tid för glatt umgänge.
Strindbergs gode vän Willehad Lindström får i
juli 1880 en inbjudan till Kymendö. "Som jag
icke utöfvat fyllerilasten på nära fjorton dagar,
törstar min själ efter dåligt sällskap; (...) derför
ber jag Dig: tag en droska första vackra dag och
hemta Stuxberg, full eller nykter, fattig eller rik!
och släpa honom ner till en Dalarö-båt! (...)
Släpp honom sedan ej förr än du har honom i
Gästbådshamn."

"Skulle ni vilja söka upp mig; så res till Dalarö
och tag en seglare der, så är Ni hos mig på en
timme", skriver han till en annan vän. Även
Anton Stuxberg får en inbjudan i "Kymendö
Rötmånad":

"(...) om Du vill hedra vår ö på min hustrus

födelsedag den 17e dennes med din närvaro, då
en stor folkfest med joculationer och festspel
samt fyrverkeri och rusdrycker kommer att af-
fyras!"

Strindberg ber också sina vänner att ta med
olika saker till Kymendö: svampböcker, burkar
med Starlobster och champinjoner, Svensk
fauna, Fågelatlas, Skandinavisk fauna och Torins
Zoologi.

En söndag i mitten av maj 1881 far familjen
Strindberg ut till "Lycksalighetens Ö", för ännu
en sommar. Båten går ända fram till ön. Och
tur är väl det. Fru Siri är höggravid. Familjen
har med sig en "jordfru" i högsta beredskap.
Ombord är också husgeråd, möbler och allt
annat som behövs för en lång skön sommar.
Strindbergs alla plantor, som han förodlat
hemma i stadsvåningen är naturligtvis också
med.

Dottern Greta föds i Storstugans sängkam-
mare den 9 juni. Hennes dop blir en av somma-
rens stora festligheter på Kymendö.

Strindberg ber vänner att ta med hans gitarr,
fina cigarrer och Champagnevin. Han bjuder
gäster att ligga på ejderdunsbäddar eller i häng-
mattor "som vi sätta upp i mitt vindsrum (nytt!).
(...) Krokar äro der!" Till dopkalaset tecknar
Carl Larsson – en annan av Kymendös sommar-
gäster – en stilig inbjudan till gästerna.

Carl Larsson berättar i boken *Jag*:

"Vi voro tillsagda att skruda oss i frack. Och
på så sätt kommo vi också. Men nu bröt ovädret
lös. Mitt i samlingen, inför präst och menighet,
röt Strix åt Stux: 'Var äro dina ordnar? När jag
bjuder på dop skall man ha *allt* på sig!'"

Men en besynnerligt god försyn har ordnat så
att Stuxberg har ordnarna med sig och när han
kommer tillbaka kan man knappt se den svarta
fracken för alla ordnarna han har fått efter
Nordostpassagen. Det blir ett sjusjungande kalas,
berättar Carl Larsson. Alla blir "på snoren",
prästen – en ung, vacker karl – blir bergtagen av

fru Siri. Strix – August Strindberg själv – är inte rolig att skåda!

Det är ofta bal på loge, fortsätter Carl Larsson. Ofta är kalaset enkelt nog: bröd, smör och brännvin!

"Det blev en härlig sommar (med undantag av myggen, som höllo på att göra mig galen av sömnlöshet i det ljusa rummet, utan gardiner). Strindberg var rar och älskvärd, såsom han kunde vara. Hans egentliga arbetstid var från klockan sex om morgnarna, åtminstone den tiden. Sedan, under dagen, gick han gärna med mig längs stränderna, gjorde de bisarraste men också genialaste reflexioner. (...) Jag gick, avgudande, bredvid och sade ej mycket."

De unga männen arbetar rätt flitigt hela dagen, men ibland gör man segelturer, med mat och dryck i båten.

Med utsikt åt havet bygger Strindberg med hjälp av en pojke på gården en skrivarstuga. För att göra det lättare för barnen att hitta dit lägger han ut små stenhögar utefter stigen. Strindberg är flitig. Han skriver på förmiddagarna. På eftermiddagarna promenerar han, umgås, leker med barnen och sköter sin "trädgård".

Men framför allt är han en fantastisk iakttagare: naturens växlingar, vardagslivet, seder och bruk i skärgården. Allt bevarar han i minnet. När han flera år senare skriver *Hemsöborna* är skärgårdsskildringen lika frisk och detaljrik som om han suttit och diktat i sin skrivarstuga på Kymendö och inte vid Bodensjön långt därifrån.

1883, sista sommaren som Strindberg och hans unga familj vistas på Kymendö knyter Karl Otto Bonnier närmare kontakt med honom. Till varje pris vill han att Bonniers skall förlägga Strindbergs kommande alster. Karl Otto Bonnier är beredd att betala vad det kostar att bli förläggare för Strindberg. Efter en tids brevväxling bjuder Strindberg ut honom till Kymendö.

Det är en strålande dag. Den unge bokförläggaren blir hämtad vid Dalarö. Strindberg visar sina trädgårdsodlingar med kronärtskockor, som man sedan får njuta av till middag, och sin stolthet – melonbänken vid husväggen. Strindberg är mer orolig för sina meloner än för sin diktsamling, noterar hans gäst. Karl Otto Bonnier placeras i en stol på övervåningen med tillsägelse att läsa Strindbergs nyskrivna *Dikter på vers och prosa* före middagen. Kosta vad det ville, dem skulle han ha!

Resultatet av denna strålande augustidag i skärgården blir en förbindelse som, om än med många slitningar men också stor glädje, varar livet ut. Ibland vänder sig Strindberg till andra förläggare. Men i slutet av sitt liv säger han till sina barn: "Tänk på att det är Bonniers som fött oss."

Det direkta resultatet av besöket blir att Strindberg äntligen får råd att göra den långa utlandsresa han drömmer om.

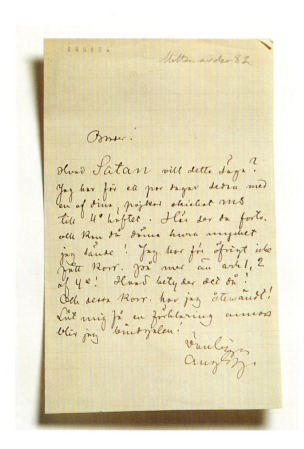

August Strindberg lagar aldrig själv sin mat. Inte ens som ung student på Kymendö. Men om hur man av det som naturen ger kan göra välsmakande måltider vet han mycket. Så här skriver han i inledningen till *Skärkarlsliv:*

För fiskaren eller den egentliga skärkarlen äro naturligtvis havets frukter av större betydelse, och storfisket utgöres egentligen av strömmingen, vilken fångas i ofantliga nät ankrade på djuptliggande grund (grynnor) om vår och höst. Eljes tages gädda och abborre i not, gäddan även på stångkrok och abborren på nät. Flundrorna, av mindre värde, fångas i nät, ålen ljustras eller narras i ryssja och mjärde. Laken klubbas på glansis genom vilken den slemmiga fulingen kan märkas där han ligger på botten. Iden blir föremål för en alldeles särskild sport som kallas badfisket. När vattnet på eftersommaren blir värmt i vikarna, går namligen iden upp att bada som det kallas. Vid denna tid hållas utkik i uddarna från trädtoppar och när observatorn märker att det lever i vattnet varskor han kamraterna som nu komma med sina flata ekor från båda uddarna, årlommarna väl omlindade med ullstrumpor att icke fisken skall skrämmas. Och så spännes nätet över vikens mun till den verkan det hava kan. (s 12)

Skärgårdsbornas liv är ensligt och strävsamt. Det finns ljusa dagar men halvskuggorna och själva slagskuggan måste också fram om bilden skall bli fullständig anser Strindberg:

Förmögna skärkarlar finnas, men många äro nära fattigdomen, och några ytterligt fattiga, levande om vintern på saltlake, sillhuven och potatis. Fiskarens yrke som liknar spelarens ger icke grund till sparsamhet. En kupp gör honom förmögen i dag, och tron på lyckan uppstår genast med dess farliga följder. (s 13)

Strindberg tecknar av vännerna när de är ute på fiskafänge.

NÄSSELSOPPA

Ingredienser: Ca 2 l späda nässlor, 1 l hönsbuljong, 1 msk smör, 1 msk mjöl, 2 ägg (hårdkokta), 1 tsk anis, 1 tsk fänkål, 1 knippa gräslök.

Lägg de rensade och sköljda nässlorna i saltat kokande vatten. Koka ca 10 min, spola sedan nässlorna så att de blir kalla och krama ur dem ordentligt. Hacka nässlorna fint tillsammans med gräslöken. Fräs smör och mjöl, slå på buljongen och låt koka ca 10 min. Smaksätt med anis och fänkål. Lägg sedan i det gröna och låt koka i 1–2 min. Serveras i heta tallrikar med en ägghalva.

KALVSTEK MED GRÄDDSÅS

Ingredienser: 1–2 kg kalvstek, 3 morötter, 1–2 gula lökar, 1 purjolök, 3 dl grädde, salt, peppar, smör och mjöl.

Salta och peppra steken. Bryn den lätt i en stekpanna tillsammans med bitar av löken och morötterna. Lägg allt i en långpanna och slå på vatten. Ställ in i ugn (200 grader) och ös ofta med vattnet. Efter ca 1 timme är steken klar (när stektermometern står på 70 grader är steken rosa i mitten, vid 75 grader är den helt genomstekt). Tag ut steken, lägg den i smörpapper och sila av skyn i en kastrull. Koka ihop skyn med grädden i ca 10 min. Gör en redning av lika delar smör och mjöl och klicka ner i såsen tills den blir simmig. Koka såsen i ytterligare 3–4 min. Smaka av. Skär upp steken och lägg upp den på fat tillsammans med kokta morötter och purjolök. Serveras med gräddsås, färsk potatis och pressgurka.

PRESSGURKA

Ingredienser: 1 medelstor gurka, 1 nypa salt, 1 dl vatten, 3 msk ättika, 3 msk socker, 1–2 msk hackad persilja.

Skiva gurkan tunt och blanda den med lite salt. Låt stå i 1–1½ timme. Gör en sötsur lag av ättika, vatten och socker. Häll lagen över gurkan och strö över hackad persilja.

RABARBERPAJ

Ingredienser: ½ kg späda rabarber, 1 dl socker, 1 msk potatismjöl.
Till pajdegen: 3 dl vetemjöl, 150 g smör, 1 ägg.

Gör degen genom att smula sönder smöret i mjölet. Vispa ägget, häll i det och arbeta ihop till en deg. Låt degen vila svalt i minst 30 min. Klä en form med ⅔ av degen. Skär rabarbern i tunna skivor och blanda i en skål med socker och potatismjöl. Häll blandningen i formen. Kavla ut resten av degen till remsor och lägg ovanpå som ett rutmönster. Pensla med ägg och grädda i ugn (225 grader) ca 20 min. Servera med vispad grädde.

Självhushåll

*…på den lilla fläcken av ett matbords storlek skördade jag
gurkor ifrån juli månad till hösten, och i sådan mängd att det
räckte åt mitt hus och urinnevånarnes och deras vänners,
och det ändå blev över till insaltning…*

Hela sitt liv är Strindberg en hängiven odlare.
Men han äger aldrig någon egen trädgård. På
våren drar han upp gurk- och tomatplantor
hemma i stadsvåningen för att sedan forsla ut
dem i båt till sommarstället på Kymendö.

Så här skriver Strindberg till Pehr Staaff från
Kymendö i maj 1882:

*Jag har varit ute och helsat på alla gamla bekanta
träd och stenar, plockat murklor, burit hästskit till
gurklisten, gräft upp landen, sått spenat, rädisor
m.m. Druckit aftontoddar med fiskarena och pratat
lort om sjöfoglarna och fisksorterna (…).*

Strindbergs grönsaksskörd räcker inte bara till
det egna hushållet utan också till grannarna och
gästerna.

Flera år senare och långt hemifrån i Danmark
skriver han i *Blomstermålningar och djurstycken*:

*Min trädgård, som inte alls är min, är i alla fall en
mycket liten inrättning, såsom en husbehovsträdgård
skall vara när man icke vill ha en trädgårdsmästare.
Med aderton långa steg tar jag honom på längden
och med lika många på bredden, så att han väl kan
hålla en yta av 1/30:s hektar eller 1/15:s tunnland.*

På Kymendö finns Strindbergs trädgårdstäppa kvar
bakom Storstugan. I Gersau fortsätter Strindberg att odla,
nu tillsammans med sina döttrar Karin och Greta.

" Jo, vi måste bli trädgårdsmästare! "

Potatisblommen lyser upp i grönskan.

Gurkor skördar Strindberg i mängder.

Naturen och de höga hyrorna ha varit särdeles ogunstiga i valet av plats och jordmån åt min trädgård, men så har jag varit desto listigare i kampen mot de förenade fienderna. Den ligger nämligen i Stockholms Skärgård på en bergknalle utsatt för alla vindar utom den varma sydliga. Nordanvinden från Jungfrufjärden sopar rakt in, om den också kan ta en rundtörn i stugknutarna och den lär vräka in all snö som icke går åt nordligare, men det har jag aldrig sett, ty jag såg aldrig ön om vintern.

(…) när nu mars månad kommer med lite sol på Stockholms gator och innanfönster, så köper jag av min kryddkrämare några låga tvållådor eller dylika och av närmsta trägårdsmästare några kappar jord. Och i lådorna sår jag mina plantor till sommaren, ty min trädgård har även den olägenheten att ligga en sjömil från trädgårdsmästare, och jag skulle få ge ett kungarike för en häst som inte finns därute, den för drivbänkar oundgängliga hästen!

Men jag sår bara det aldra nödvändigaste; och dit räknar jag sallat, blomkål, sockertoppskål. I särskilda små krukor lägger jag melon- och gurkkärnor, ty de flyttas endast med stor tidsspillan utan jordklump.

Av blomsteravdelningen befattar jag mig endast med lövkojor och reseda, då de andra lätt sås på platsen och där trivas bäst.(…)

Och när jag så flyttar ut i början av maj har jag mina skyddslingar inpackade i särskilt inrättade lårar, vilket är besvärligt och lite dyrt, men inte så besvärligt som att ro två sjömilar och icke så dumt som att köpa en häst där inga körvägar finnas.

När jag så kommer ut stå mina narcisser, tulpaner och saffransblommor i flor, men det är för tidigt att plantera än, och plantorna måste avhärdas. Då ställer jag mina lådor i ett torrt dike och lägger ett urtaget innanfönster på dem.(…)

När jag skall så, går jag först upp till lagården bakom en knut där ingen ser mig, och hämtar stora vattenkannan full med purin som det heter på franska och därmed vattnar jag min säng; därovanpå sår jag. Rädisor, persilja och spenat sår jag tjockt emedan de många bladen ge den erforderliga skuggan att hålla fukt. Sedan sållar jag jord över fröna. På rädisorna plattar jag, emedan de i lös jord växa i krokiga vinklar, och lägga sig i krumbukter. Spenaten trampar jag ner. För att nu icke fåglarne under himmelen skola komma och äta det upp och hundarne och hönsen på marken icke skola krafsa det upp, lägger jag avraskat granris ovanpå, men väl avraskat, ty barren skräpa och göra mögel.(...)

Salladen sår jag i rader och glest, dillen lägger jag helst i kållandet emedan den därstädes vigast får den skugga och den fukt som den älskar. Sådd enbar ränner den i luften och blir klen.

Nu sätter jag potatisen som redan fjorton dagar legat i ljust rum att gro. Det är en ledsam och svår sak att få tidig potatis utan bänk. För den som icke behöver se på myckenheten är det bäst att lägga potatisen grunt; den ger då visserligen icke mycken frukt i en torr sommar, men den gror desto hastigare.(...)

Nu har jag skyfflat jordgubbslandet, som varit lindrigt betäckt med löv, och krafsat i sparrissängarne, grävt rabatterna och lagt ner varjehanda blomfrö, så att jag kan skrida till bänkläggningen åt gurkorna. Till den ändan gräver jag en grop av fyra innanfönsters storlek, vilket icke är mer än tre och en halv alnars längd med en och en halv alnars bredd, då bondstugans fönster äro mycket små. Sedan spikar jag en ram av fyra bräder; och i gropen lägger jag halmboss, höfrö, löv, granris och lagårsströ; slår ett par ämbar hett vatten över alltsammans och fyller torr, sållad mulljord på. Det är bänken som jag sätter mina sex gurkplantor i, och den är icke så dålig, ty på den lilla fläcken av ett matbords storlek skördade jag gurkor ifrån juli månad till hösten, och i sådan mängd att det räckte åt mitt hus och urinnevånarnas och deras vänners, och det ändå blev över till insaltning, allt sammanlagt motsvarande en halv tunna.

Med melonen, det blev bara en, förfor jag annorlunda. Som den fordrar undervärme satte jag icke ut den utan drev den i en väldigt stor blomkruka inne i stugan, vattnade den med varmt vatten och flyttade från ett söderfönster till ett västerfönster, så att den hade sol hela dagen. Men sommaren var kall, med ringa sol, och den femtonde september hade frukten endast nått storleken av en knuten näve. Sakkunnige påstå att den skulle ha drivit bättre i en liten kruka där jordklumpen kunde genomvärmas.

När nu allting har vuxit upp och står i flor, måste även den partiske betraktaren erkänna att jordens givande förmåga är outtömlig om man endast vet begagna den. På denna fläck stor som en stor restaurationssal, eller en torpares potatistäppa, långt ute i skären finnes samlat allt av det bästa det mellersta Sverige kan framalstra. Utom grönsakerna från sparris till engelsk blomkål och kronärtskockor växa här de ädlaste frukter från jordgubbar till bigarråer, reineclaude, Hawthornden äpplen och de berömda Louise bonne-päronen, och som underverket visas två vinstockar spaljerade på stugans södra vägg.(...)

En av de bästa bilderna på Strindberg tar vännen John Lundgren under en promenad vid Brevik på Värmdö.

63

Kampen mot den magra stenören förer jag likaså på kinesiskt sätt med purin-kannan. Med flytande näring växer allt överallt, och min blomkål var färdig i juli på öppen mark och så fin att den var värdig ett bättre öde än att ätas i lönn ute bland autoktoner som icke ville ta den i mun, medan de däremot åto gurkan med skal.

Striden mot kvickroten kan endast föras på ett sätt: med uthållig aldrig tröttnande vaksamhet och arbete, och segern är ändock ganska oviss. Den tiraljerar under jorden, sticker opp en blänkare här där man minst väntar den, och när man jagat honom från post till post, förskansar han sig inne i en jord-gubbstuva eller mitt i tjocka persiljan och där är han oåtkomlig. Han är värre än binnikemasken; rycker man av denne bit för bit lever han ända tills huvet är med, men kvickroten har intet huvud. Bästa medlet mot kvickrot är dock det att man gräver sina land själv, likasom ock själv är bästa dräng vid all trädgårdsskötsel. En vår tog jag en dräng till att gräva min jord. Det var en flink man och han var färdig med alltsammans på en dag. Men när jag skulle så, märkte jag att mannen endast vänt om grästorvorna. Därpå anställde jag en piga som skulle göra det bättre. Men hon tillbragte åter en dag på att vända tuvorna rätt. Sedan dess gräver jag alltid själv. Man

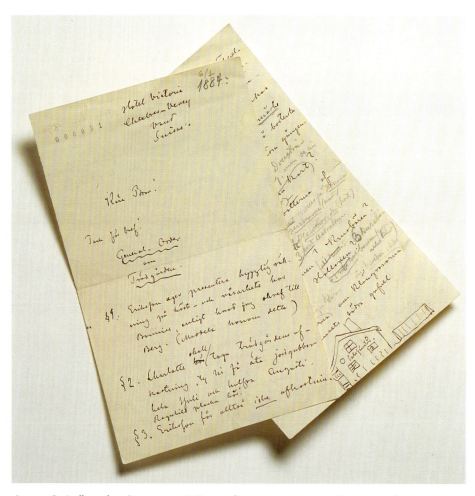

August Strindberg hyr Storstugan på Kymendö även sommaren 1884. Från Schweiz ger han sin bror Axel olika uppdrag som han skall utföra på Kymendö. Bland annat ger han noggranna instruktioner om hur trädgården skall skötas.

brukar även släppa barn in i trädgården för att mot
en måttlig penning rensa ogräs. Detta är också myck-
et oriktigt, ty de lämna de bästa bitarna kvar i jor-
den, vilket befordrar ogräsets växtlighet i hög grad.
Grundregel: odla icke mer jord än du kan sköta
själv! Non multa sed multum = litet men gott.

 När man nu övervunnit alla dessa plågor har
man den sjunde och värsta kvar som heter legio: det
är insekterna och krypen. Daggmasken som går och
fnallar ner de små plantorna i jorden; den osynlige
som biter av gurkplantorna under jordbrynet; jord-
lopporna som anfalla kålplantorna och kväva dem i
lindan; krusbärsmasken som far fram som de egyptis-
ka gräshopporna och sist men värst kanske, kålmask-
arne.

 Mot var och en av dessa finnas recept i trädgårds-
böckerna, och varje nummer av gartnertidningarne
komma med nya bidrag, alla mer eller mindre verk-
samma. Av erfarenhet tror jag mig dock ha kommit
till det resultat att kraftiga plantor lämna bästa mot-
ståndskraften, vilken ökas genom riklig näring och
vatten.(…)

 En förtvivlans strid är den mot kålmaskerne. Jag
plockade äggen som läggas på bladens undersida av
den vita fjärilen Epeïra, tre gånger om dagen, och
ändock fick jag senare plocka maskar (larver) sex
gånger om dagen utan att lyckas skydda två dussin
blomkålshuven mot förstörelsen.

 Det är med kålmaskarne som med synden; man
plockar och plockar och den sitter där ändå, tills man
slutligen tröttnar, finner sig i sitt öde och tänker: det
ska väl så vara efter det så är!

 Detta är min sommarträdgård sådan jag såg den
sist för fem år sedan; huru den nu ser ut vet jag
inte och får väl aldrig veta mer sedan jag skrivit
Hemsöborna och Skärkarlsliv!

(Ur Blomstermålningar och djurstycken, s 219–224)

" – Det hjelper inte att äta gräs! "

Rödbetorna skjuter kraftiga stjälkar

Resedan doftar ljuvligt i kvällningen.

INLAGDA RÖDBETOR

Ingredienser: 1 kg rödbetor, vatten, ½ pepparrot i tärningar.
Till lagen: 1½ dl ättiksprit, 5 dl vatten, 1½ dl socker, 5 hela kryddnejlikor (1 tsk natriumbensoat).

Borsta och skölj rödbetorna väl utan att skada skal och rotspets. Sipprar saften ut försämras både färg och smak. Koka rödbetorna nästan mjuka i så mycket vatten att det täcker dem. Spola dem i kallt vatten och drag av skalet.

Blanda ingredienserna till lagen och koka upp den. Lägg i rödbetorna och koka några minuter. Varva rödbetor och pepparrot i en stor glasburk eller kruka. Pepparroten har konserverande effekt. För att öka hållbarheten ytterligare kan man tillsätta natriumbensoat, utrört i lite av lagen. Häll på lag så att den täcker rödbetorna. Sätt på lock eller bind över med dubbla smörpapper. Förvara rödbetorna svalt. De är färdiga att ätas följande dag.

SALTGURKA

Ingredienser: 2 kg (ca 20 st) fasta, nyskördade gurkor, dillkronor, körsbärs- och svarta vinbärsblad (ca 50 st), 1 dl pepparrot skuren i tärningar.
Till lagen: 2 dl ättiksprit, 2,5 l vatten, 2 dl fint salt, 1 tsk alun, 1 msk pulvriserad vinsten.

Tvätta och borsta gurkorna väl. Lägg dem i vatten över natten. Koka upp ingredienserna till lagen och låt den kallna. Alun gör gurkorna knapriga. Vinsten ökar hållbarheten. Skölj dillkronor och blad.

Tag upp gurkorna. Pricka dem på några ställen med en grov stoppnål. Varva dem med blad, dill och pepparrot i en stor glasburk eller kruka. Häll över lagen så att den täcker gurkorna. Sätt på lock eller bind över dubbla lager smörpapper. Förvara gurkorna svalt. De ar färdiga efter 3–4 veckor.

SYLTADE GRÖNA TOMATER

Ingredienser: 1 kg små, gröna fasta tomater, vatten, salt.
Till lagen: 2 dl ättiksprit, 3 dl vatten, 4 dl socker, 10 hela kryddnejlikor, 1 bit hel kanel.

Snoppa och skölj tomaterna. Pricka dem med en grov stoppnål på några ställen. Lägg ner tomaterna i kokande lätt saltat vatten och koka dem nätt och jämnt mjuka, ca 10 minuter. Tag upp tomaterna och lägg dem i en glasburk eller kruka. Koka upp ingredienserna till lagen. Häll den kokande över tomaterna med kryddorna. Häll försiktigt av lagen dagen därpå. Koka upp den på nytt, skumma den och låt den kallna. Häll lagen över tomaterna igen. Se till att lagen täcker tomaterna. Sätt på lock eller bind över. Förvara tomaterna svalt. De är färdiga att ätas genast.

INGEFÄRSPÄRON

Ingredienser: 1 kg päron, 1½ dl socker, 3–4 bitar ingefära.

Skala päronen. Dela dem om de är stora och tag då bort kärnhuset. Lägg päronen i en bunke och strö över sockret. Låt dem stå övertäckta i 2 dygn. Sockret drar då ur fruktsaften och det bildas en simmig lag. Koka päron och ingefära i lagen under lock på svag värme ca 2 timmar. Lägg i rena burkar och häll på lagen. Sätt på lock eller bind över dem när de svalnat. Förvara päronen mörkt och svalt.

KRUSBÄRSKOMPOTT

Ingredienser: 2 l (ca 1 kg) krusbär.
Till lagen: 1 l vatten, 6–8 dl (ca 500–700 g) socker.

Rensa, snoppa och skölj bären väl. Lägg bären i rena, hela konservburkar och häll över lagen som kokats på vattnet och sockret. Lagen bör står i jämnhöjd med bären. Lägg på gummiring, lock och bygel. Placera burkarna i en konserveringsapparat eller en stor gryta. Häll på vatten upp till ⅔ av översta burkarnas höjd. Upphetta långsamt så att bären inte flyter upp i lagen. Koka i 20 min. Låt burkarna stå kvar i vattnet, tills det svalnat något. Prova om locken sitter fast när burkarna kallnat helt. Förvara burkarna svalt.

STUVAD BLOMKÅL

Ingredienser: 1 blomkålshuvud (ca ½ kg), 3 dl vatten, 1 tsk salt.
Till stuvningen: 1½ msk (30 g) smör, 2½ msk mjöl, spad och mjölk (2 dl).

Bryt sönder blomkålen i små fina buketter. Lägg dem i kokande vatten och låt dem sakta koka mjuka. Fräs smör och mjöl, späd med spad och mjölk till lagom tjocklek. Låt koka i fem minuter. Slå såsen över den kokta blomkålen.

Konstnärsliv i Grez

Hell dina Ostendeostron
Och din Chablis
Och tiofalt hell
Dina gula meloner och violetta kronärtskockor
Dina blå druvor
Och eldfärgade tomater!

Föga anar Siri von Essen när hon packar ihop familjens bohag på sensommaren 1883 att hon kommer att få göra det ofta under resten av sitt äktenskap med Strindberg. Under de kommande sex åren hinner familjen byta adress ett trettiotal gånger innan de är hemma i Sverige igen.

Redan vid utresan i september 1883 skriver Strindberg i ett brev till vännen Pehr Staaff:

"Res aldrig ut för att se något; det fins ingenting att se! Ändra bostad må man gerna göra!"

I kalendern Svea för 1884 har Carl Larsson tecknat denna bild av Hôtel Chevillon. Precis nedanför huset ligger den gamla bron över floden Loing. I ett brev till Pehr Staaff berättar Strindberg om livet i Grez.

Grez-sur-Loing, sju mil söder om Paris, blir den första anhalten på Strindbergs långa utlandsvistelse. Strindberg är ditlockad av Carl Larsson. Dennes unga fru Karin är orolig och undrar i ett brev till sin mor hur det hela skall gå: "O moder min, bed för mig! Strin(d)bergs komma hit!"

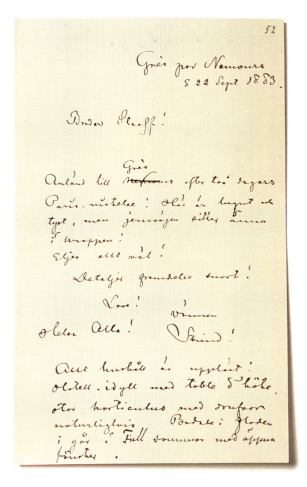

Efter senaste årets pressade situation i Stockholm hämtar Strindberg nya krafter och inspiration bland konstnärsvännerna i Grez:

Soliga bilder från gångna dagen
Draga trötta ögat förbi:
Déjeunern är redan tagen
Av vår lilla artistkoloni.
Svenskar, yankees, finnar, negresser
Som sökt lugnet i Beauséjour
Lämnat Paris, modeller, excesser,
Slagit sig ner i Grez vid Nemours

Spridda grupper i trädgårn vandra;
Solen skiner så middagsvarm;
Svenskar och norskar om varandra,
Fransmän och tyskar gå arm i arm.
Solen skiner på vita murar,
Blåa druvor på grönt spaljé.
Gullgult päron bland lövet lurar,
Väntar döden vid nästa diné.
Eldröd tomat som glöden lyser
Mellan skogar av artichaux

Mjällvit laktuk av blodbrist fryser,
Blomkål som aldrig får några små,
Alla kulturens härligheter:
Feta dahlier utan kön
Rosor fyllda med nuditeter,
Granna kläder, men inga frön.

Glada mänskor bland maten ströva
Och beundra konstfull natur
Ej att undra: de konsten öva,
Och ju äro födda i bur.
Där på gräsets putsade matta
Sitter glammande liten grupp,
Unga makar skämta och skratta
Barnen svärma i yster trupp.
Nu gör vinet sin rund i ringen
Flöjten stämmes till spansk gitarr,
Trumpen sitter nu längre ingen,
Här den vise vill ej bli narr.
Lätt går dansen på gröna marken
Utan frackar och handskar på,
Sommarkläder i ljusa parken –
Fête champêtre, idyll av Watteau!

Mellan flodens vassklädda stränder
Glider sakta en liten båt,
Skygga dyka de vilda änder,
Skator skratta åt ovan låt.
Hör där klinga så tunga toner
Klaga över att sommarn gick bort,
Glädjens blomster i kalla zoner
Leva livet så tungt och kort;
Ingen druva kan liva anden,
Kornet ger endast dövande vin,
Fräter sinnet, gör darrande handen
När hon skall hugga de snärjande banden,
Löjet drager till vresigt grin;
Ändå klinga de dock så kära
Gamla toner från Mälarstrand,
Skarpa röster som knivar skära,
Bita hjärtat med blodad tand;
Och då tystna de hårda orden
Gammalt groll får en ljus nyans
Och det skönaste land på jorden
Är ej längre la belle France!

(Ur *Sömngångarnätter*, s 177ff)

Det finns en ljus och lättsam stämning kring familjen Strindbergs första vistelse i Grez. Man sjunger och dansar, deltar i sällskapslekar, har maskerader och diskuterar.

Men vistelsen i Grez blir kort. I början av oktober blir det kallt och familjen Strindberg

Carl Larsson tecknar ofta av sina konstnärsvänner i Grez.

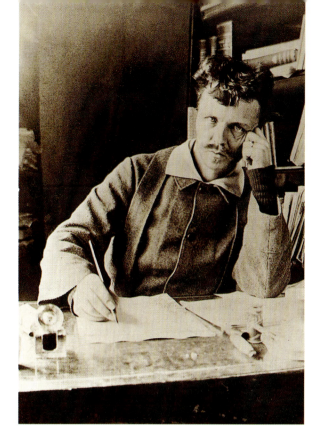

Strindberg skriver många av sina största verk under utlandsåren långt hemifrån och borta från de miljöer som han så levande skildrar.

flyttar in till Paris. Några år senare åker Strindberg tillbaka till Grez. Denna gången för att samla stoff till sin bok *Bland franska bönder*. Flera av kapitlen handlar just om Grez:

Min by, vars gator jag nu ett halvt år slitit med landets träskor, äger den förmånen att vara belägen i Ile de France, Hugo Capets stamhåll, franska monarkiens vagga. Den ligger icke för nära Paris, att den icke skulle kunna räknas till landet. Belägen mellan Fontainebleau och Nemours, ett par kilometer från den mindre trafikerade Bourbonnaisbanan har den tämligen bibehållit sin bonde-karaktär. (s 23)

Om Henrik IV som önskade varje bonde en höna på spettet, nu levat och kommit in på père Charrons gård skulle han ha sett både hare och kalkon och fasan hänga på väggen. På tillfrågan om husbonden ville sälja en fasan, svarades att han icke hade fler än han åt själv. (s 28)

71

På Carl Larssons teckning syns Siri von Essen och August Strindberg i förgrunden.

Redan första kvällen ordnar Carl Larsson en välkomstmiddag. Kotteriet på Hôtel Laurent, där också familjen Strindberg bor, visar sig från sin bästa sida. Strindberg som till att börja med är stel bland så många nya människor tinar upp så sakteliga vid konjaken, berättar konstnären Ville Vallgren. Tillsammans med journalisten Spada (Johan Janson) som spelar gitarr och Carl Larsson sjunger han italienska och spanska visor. Strindberg vill hellre höra något annat än "den där förbannade Bellman".

Intill Hôtel Laurent låg – och ligger än idag – det andra hotellet i Grez: Hôtel Chevillon. Hôtel Laurent har en utmärkt kock och Hôtel Chevillon ett ståtligt biljardbord.

Middagsklockan nu höres ringa
Toaletten är hastigt gjord
Herrar, damer i trapporna springa
För att träffas vid dukat bord.
Och så lyktas dagen omsider
Glättigt samspråk och intet kiv,
Idel solsken och inga strider,
Mellan drabbningar herdeliv!

Under de närmaste åren flyttar Strindberg och hans familj runt i Europa. Strindberg är produktiv. Han skriver en rad av sina största verk och får bra betalt för dessa. Men pengarna vill aldrig räcka. Den ständiga oron för ekonomin tär på samlivet med Siri von Essen. Äktenskapet går mot sin definitiva upplösning när familjen flyttar tillbaka till Sverige våren 1889.

Efter sin långa utlandsvistelse deklarerar Strindberg enligt Torsten Eklund, en av hans biografer, gärna:

"Man måste hålla sig till sitt hemlands matvanor lika väl som man inom religionen bör förbli vid sina fäders tro."

I Strindbergs brev från utlandsåren märks hans kluvenhet: längtan efter det enkla, rejäla svenska och fascinationen över det utländska, exotiska...

I en dikt målar han upp ett fantastiskt stilleben:

> Hell dina Ostendeostron
> Och din Chablis.
> Och tiofalt hell
> Dina gula meloner och violetta kronärtskockor
> Dina blå druvor
> Och eldfärgade tomater!
> Hell Café Tortoni
> Med monopolcigarrer
> Och mazagran!

(Ur "Landsflykt" i Dikter på vers och prosa, s 116)

Strindberg tjusas av färgerna, dofterna, smaken, men leds samtidigt. Han längtar efter enkel svensk husmanskost. När han 1883 bosätter sig i Paris springer han förgäves runt för att få tag i en knippa dill till köttet.

I början av 1884 flyttar familjen till Ouchy i Schweiz. Där träffar Strindberg bland andra Verner von Heidenstam. De trivs till att börja med bra ihop. Men Heidenstam irriteras över

Strindbergs "orimligt stora pretentioner". En brytning kommer när Heidenstam tillrättavisar Strindberg för hans "kinkighet":

"Du, 'tjensteqvinnans son', grinar illa åt hvad hundradetals bortskämda turister förtära med aptit. (...)

Du började med missnöje öfver samhället o slutar med missnöje öfver biffar, foreller o allt för gredelina biljardbollar. (...)

Jag tror hela din vitalitet ligger just i din stora kinkighet."

I brev på brev dem emellan kommer den "kinkiga" matfrågan upp igen. Strindberg skriver:

"Kinkighet är en egenskap hos ett nervsystem som är finare sammansatt än andras och derför kan arbeta bättre i sitt fack."(23.6.1886)

Några dagar senare räcker Strindberg ut en hand till försoning:

"Låt oss fortsätta om du har lust att spela biljard det är ändock (näst kräftor och annan krogmat) lifvets högsta goda."

Verner von Heidenstam skickar i sin tur en burk ansjovis. Något som Strindberg uppskattar:

Hvilken herrlig anjovis! O Land wo bist Du? Kennst Du das Land wo die Ansjoven glüh'n? Jag längtar också ibland förfärligt efter ärter och fläsk och dillkött! Men icke efter Sverge!

BŒUF BOURGUIGNON

FEUILLETTE CHÈVRE CHAUD
(GETOSTPAJ)

Ingredienser: 1½ kg benfritt nötkött, 200 g rimmat sidfläsk i strimlor, 2 lökar i skivor, 3–4 dl rött vin, 2 morötter i skivor, färska eller djupfrysta champinjoner, skivad potatis, smör, 1 krossad vitlöksklyfta, salt och peppar.

Putsa och skrapa köttet, skär det i kalopsstora bitar. Bryn fläsket i en stekgryta. Ta upp det och bryn sedan löken och köttet i flottet. Lägg ner morötterna, vitlöken och kryddorna, slå på rödvinet. Låt grytan sakta puttra tills köttet blivit mört. Fräs champinjonerna och lägg ner dem mot slutet av koktiden.

Ingredienser:
Till pajdegen: 150 g smör, 150 g mjöl, 3 msk kallt vatten.
Till fyllningen: 2 ägg, 1½ dl grädde, 1 tsk mjöl, 4 msk söndersmulad getost.

Smula sönder smöret i mjölet, tillsätt kallt vatten och gör en smidig deg. Låt den stå kallt i 1 timme. Klä fyra portionsformar med hälften av pajdegen. Rör samman ostfyllningen och fyll formarna med den. Kavla ut små tunna pajskal som täcker formarna. Gör gärna små löv av pajdegen att dekorera med. Grädda i mitten av ugnen (200 grader) i ca 20 min eller tills ostsmeten har stannat. Serveras varm eller ljummen tillsammans med sallad.

PATÉ DU LAPIN AUX NOISETTES
(KANINPATÉ MED NÖTTER)

Ingredienser: 500 g grovmalen färs från kanin eller hare, 500 g blandfärs, 1 stor finhackad lök, 1 ägg, 1 msk hackad persilja, 1 tsk timjan, 2 hackade vitlöksklyftor, 2 msk konjak, 4 msk rödvin, 1 dl finhackade hasselnötter, salt, peppar.

Blanda alla ingredienserna och smaksätt med salt och peppar. Smörj och häll i smeten i 1 eller 2 eldfasta (gärna runda) formar. Grädda i vattenbad i 175–200 grader varm ugn i 45–60 min tills patén har stannat. När en provnål kan stickas ner och tas upp igen utan bli smetig är patén färdig. Servera med små inlagda gurkor.

TARTE DES FRUITS
(FRANSK FRUKTPAJ)

Ingredienser:
Till pajdegen: 225 g mjöl, 100 g smör, 75 g socker, 1 ägg, lite salt.
Till fyllningen: bär eller frukt, t ex krusbär, jordgubbar, körsbär, äpplen eller rabarber, 1 tsk gelatinpulver, 1 msk vatten, ½ dl saft, 1 dl vatten.

Gör pajdegen och låt den stå kallt i 1 timme. Fodra en pajform med löstagbar botten med pajdegen. Grädda i 200 grader varm ugn i 10 min. Ta ut pajskalet och lägg frukten eller bären i ett vackert mönster ovanpå. Rör ut gelatinpulvret i lite vatten, värm den utspädda saften och häll i gelatinet. Låt geléet stelna tills det blir tjockflytande. Häll det försiktigt över frukten/bären så att det precis täcker. Ställ pajen kallt tills den skall serveras.

På restaurang

*...med en åtbörd som en grandseigneur
pekar jag på den elegantaste av
restaurangerna.*

I *Inferno* är August Strindberg ena stunden på galant humör. I nästa ögonblick helt nerbruten. I dikten "Finsmakare" ger han en ögonblicksbild från krogen och livets med- och motgångar.

Strindberg sitter ofta utomhus på kaféer, smuttar på en absint, betraktar folklivet och snappar upp brottstycken av samtalen vid borden bredvid. Hemma vid skrivbordet låter han dem ge liv åt dialogerna i dramer och romaner.

En stor del av sitt liv lever Strindberg som ungkarl. De flesta måltiderna äter han ute på restaurang eller "källare", som blir som ett andra hem för honom.

Strindberg rör sig lika ledigt på Operakällaren, Hasselbacken, Rydbergs, Tre Remmare, Stallmästaregården och Lidingöbro värdshus, Brasserie des Lilas i Paris och Zum schwarzen Ferkel i Berlin.

I *Det nya riket* som ges ut 1882 skriver han:

Det är snart sexton år sedan gasen tändes en afton på Operakällarn och det är ändå som det skulle ha varit i går. Toddygubbarne hade brutit upp klockan sju tröttnande på att vänta Posttidningen som aldrig

ville komma ut denna kväll; första akten höll på att gå där uppe; det är tyst i källarsalen; det är för tidigt att äta och för sent att dricka toddy; en och annan ung man, blek om nosen, som kanske nu först lyckats anskaffa vad han borde ha haft mitt på dagen försöker i det längsta göra troligt att han äter kväll klockan sju. (Ur *Det nya riket*, s 115)

Glittret från de stora kristallkronorna på Berns ger nu som då en extra feststämning.

Parisiskt kafé i slutet av 1880-talet.

Matsedlar från den tiden avslöjar att middagarna och sexorna ofta består av många assietter och rätter. Strindberg och hans vänner brukar därför roa sig med att slå käglor mellan de olika rätterna för att återställa aptiten.

Under utlandsåren då August Strindberg är gift med Siri von Essen och senare med Frida Uhl bor han och familjen ofta på pensionat och äter sin mat ute. Särskilt bra trivs han på de små lantliga schweiziska värdshusen.

Till gode vännen Pehr Staaff skriver Strindberg midsommardagen 1884 från Hotel Victoria i Chexbres-Vevey: "Här är som i himmelriket der vi nu bo! Sju rätter mat till middan och tre till qvällen utom te o.s.v. för 2 Kr 80 per caput. Egen Châlet för samma pris."

Under Parisåren på 1890-talet sitter Strindberg gärna framåt eftermiddagen på en trottoarservering i sina kvarter i Montparnasse:

Absinten klockan sex på uteserveringen till Brasserie des Lilas bakom marskalk Ney har blivit min enda last, min sista glädje. Då, när dagens arbeten äro avslutade, kropp och själ uttröttade, återhämtar jag mig vid den gröna drycken, en cigarett samt Le Temps och Les Débats. Vad livet ändå är ljuvligt, när ett lindrigt rus drar sin töckenslöja över tillvarons elände.

(Ur *Inferno*, s 105)

Strindberg döper till och med timmen mellan klockan sex och sju till absinttimmen. Han märker dock snart själv att absint inte är bra för hans psykiska jämvikt. "De goda andarne" får honom att avstå från denna "last som för till dårhuset!" Plågad av abstinensbesvär stryker han sedan som en herrelös hund runt favoritvrån på des Lilas.

Men det är inte bara för att äta som man går på restaurang. I den självbiografiska romanen *Klostret* beskriver Strindberg sitt stamlokus i Berlin, vinstugan Zum schwarzen Ferkel, nära Unter den Linden så här:

Här fanns verkligen allt, mat och dryck, telefon, bud att skicka ut i stan, skrivmaterial, så att mången här skötte sina angelägenheter till och med författeriet. Här samlades endast skådespelare, artister och litterater, och alla voro mer eller mindre bekanta. Man var som hemma där, när man hörde till skrået, och kom en nyfiken främling så vantrivdes han eller kände sig som en inträngling i ett slutet sällskap. Allt fanns där, som sagt, utom klocka, varigenom man glömde tiden, och det gjorde ingenting, ty man blev aldrig utvisad om även hanen galit (...).(s 16)

Frida Uhl lägger genast märke till Strindberg bland alla de andra på Zum schwarzen Ferkel.

Strindberg använder den jämnårige författaren och läkaren Max Nordaus ord och påpekar att den erotiska hungern är lika svår att uthärda som hungern efter mat. Men Strindberg behöver inte vara ensam i Berlin. Många unga kvinnor attraheras av hans "kvinnohat". Och det är i kretsen av litteratörer och konstnärer på Zum schwarzen Ferkel som han i början av 1893 blir bekant med sin andra hustru – Frida Uhl.

Första mötet skildrar hon så här:

"Men till och med förbi Munch svävar min blick bort. Bakom honom, i skuggan, skjuter en hög dyster gestalt upp. En mörkgrå regn-krage har han över skuldrorna. Som en skrov-lig grå klippa står han där." (Ur Strindberg, F: *Strindberg och hans andra hustru*, del I, s 21)

Frida Uhl kan inte vända blicken från ho-nom, den store författaren Strindberg. Förlov-ningstiden går som ett enda rus. August Strind-berg köper blommor – syrener, påskliljor och drivhusrosor...

Och med Asti spumante i glaset berättar han för Frida om Sverige, om sina skärgårdsöar i det kyliga blå svenska havet, om de vita björkarna och de mörka granarna och den ljusa nordiska sommaren, som inte vet av någon natt...

De gifter sig på Helgoland i början av maj 1893. Det blir en lycklig smekmånad. De reser sedan till London tillsammans. Men lyckan blir kort. Redan efter knappa sju veckors äktenskap lämnar Strindberg London ensam. Efter en sejour på Rügen åker han och hälsar på Fridas föräldrar i Österrike. Frida vägrar emellertid att komma efter och Strindberg hotar med skils-mässa. Efter nya missförstånd förenas Strindberg och Frida i Berlin. I början av oktober upptäck-er Frida Uhl att hon väntar barn och vill göra abort. Men Strindberg lyckas lugna henne så småningom. Paret får i november en inbjudan att tillbringa vintern hos Fridas morföräldrar på godset Dornach.

Det kan mycket väl vara lyxlivet här som inspirerat Strindberg när han senare beskriver

Strindberg ser enligt Frida Uhls livfulla beskrivning ut som Flygande holländaren med grå kappa, grått hår, grå irrande ögon och grå ihåliga kinder...

det luxuösa övermåttet på professor Stenkåhls middag i *Svarta fanor*.

I maj 1894 föds dottern Kerstin. Redan i augusti åker Strindberg ensam till Paris. Frida Uhl följer efter och de bor ihop några korta veckor innan de skiljs för alltid. Senare deklare-rar Strindberg för vännerna att han hela tiden haft på känn att äktenskapet med Frida Uhl inte skulle bli långvarigt.

TRUITE
(BLÅKOKT FORELL)

Ingredienser: 4 foreller eller en laxöring på tillsammans ca 1 kilo, 1 dl vinäger, 1 l fiskbuljong.

Rensa fisken och klipp bort gälarna, men skölj inte fisken i vatten. Koka upp vinägern. Fiskbuljongen kokas i en annan kastrull. Lägg fiskarna i en fiskkittel med ryggen uppåt och ös över med den kokande vinägern. Slå på buljongen och låt koka upp. Låt sedan sjuda färdigt på låg värme i 5–10 minuter.

SAUCE TARTARE

Ingredienser: 2 äggulor, 2–3 msk ljus fransk senap, 3–4 dl olivolja, 2 msk tomatpuré, 1 hackad chalottenlök, 2 msk pickles.

Rör ihop äggulorna med senapen, häll ner oljan i tunn jämn stråle i äggsmeten under vispning. Rör i tomatpurén, löken och pickles.

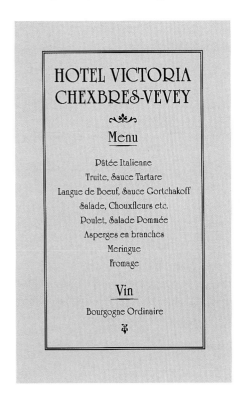

HOTEL VICTORIA
CHEXBRES-VEVEY

Menu

Pâtée Italienne
Truite, Sauce Tartare
Langue de Boeuf, Sauce Gortchakoff
Salade, Chouxfleurs etc.
Poulet, Salade Pommée
Asperges en branches
Meringue
Fromage

Vin

Bourgogne Ordinaire

LANGUE DE BOEUF
(OXTUNGA)

Ingredienser: 1 kg oxtunga, 1 gul lök, 2 kryddnejlikor, 2 tsk krossad vitpeppar, 1 skivad morot.

Lägg tungan i en rymlig kastrull, lägg ner löken med kryddnejlikorna istuckna och den skivade moroten. Häll på vatten så att det täcker tungan. Koka upp tungan, skumma om det behövs. Låt tungan koka sakta under 2–2½ timmar. Ta upp tungan sedan den svalnat något. (Spar en del av spadet till såsen.) Skala bort skinnet och putsa tungan. Skiva den i ganska tunna skivor. Servera den med kokt blomkål och andra grönsaker.

POULET
(KYCKLING)

Ingredienser: 1 kyckling på ca 1 kg, 1 stor knippa persilja, ½ citron, 3 msk smör, salt, vitpeppar.

Krydda kycklingen med citron, peppar och salt inuti. Ta hälften av persiljan och lägg den inuti fågeln. Hacka resten av persiljan och blanda med smöret samt salt och peppar. Fördela massan i ett jämnt lager mellan skinn och kött över bröst och kring låren. Stek kycklingen i en stekgryta ovanpå spisen tills köttsaften är lätt rosa. Späd då och då med buljong. Serveras med grönsallad (Salade pommée).

MERINGUE
(MARÄNGSVISS)

Varva maränger och vispad grädde på ett fat. Gärna i form av en pyramid. Stänk chokladsås runtom eller strö riven mörk blockchoklad ovanpå.

Idag har jag Gudamat!

*… kolonisterna stå rörda och glada framför
ett par kannor gula, svenska torsdagsärter
och en knippa dill…*

I *Svenska folket* ägnar August Strindberg ett kapitel åt mat och dryck. Där förklarar han också hur traditionen med ärtsoppa på torsdagarna – en av hans favoriträtter – uppstått:

Om bruket av ärter eller kål och fläsk på torsdagen, vilket även råder över större delen av Tyskland och Schweiz, har en nyare forskare uttalat den gissning, att det skulle stå i något sammanhang med en Torskult. Svinet var, som bekant, helgat åt Frey, varav minnet ännu kvarlever i julgalten, och synes härav icke någon anledning vara att sätta fläsket i sammanhang med Tor. Månne icke den starka fläskmaten på

torsdagen har sitt ursprung ur den enklare anledning, att fredagen var fastedag, och man derför ville bereda sig till densamma på lämpligaste sätt?

(Ur *Svenska folket*, s 237)

Strindberg återvänder till Sverige och slår sig ner i Lund hösten 1896. Han kommer då också hem till de svenska mattraditionerna. Han längtar efter ärtor och fläsk, men får för det mesta stek på stamstället Åke Hans (Industriföreningens restaurang Norden). En gång erkänner Strindberg för mor Elna, som städar hans rum på Tomegapsgatan att han mycket hellre skulle vilja

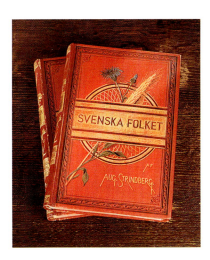

Första upplagan av *Svenska folket* har illustrationer av Carl Larsson.

August Strindberg bor på flera olika ställen i Lund, bland annat på Grönegatan nr 14 och 8 (numera 10).

85

ha hennes ärtsoppa. Elna Hansson har på sin breda skånska berättat om episoden för Hans Erlandsson som nedtecknat den:

"Han sa te me en gång: Elna kunne gärna la me få å den maden hon lagar te sin man, for ja e so kje å den maden på 'Norden'. De e båra steg o steg var evelia da. Kan Elna ente ge me ärtor o fläsk? Ja sa te en: 'Ente kan de va mad for en forfattare.' 'Jo men', sa han, 'de e de bästa ja ved.' So va de en torsda o ja hade en grisaskank, som ja kokte ärtor po. So va där nymalen sinnop, som ja säl hade maled. Plätta bakte ja osse, for de hör ju liasom te, o so bar ja de te en. Han ble gla o sa ad ja skolle sidda nör o snacka me en, men han åd. Han åd opp so mied dar va. Ja de strog nör. En söpp to han te o en hal bir. Når di so kom me stegen ifrå Norden, feck ja den o kompotten osse. Når han dekta bar di maden te en, får han sa, ad når han geck ud, träfte han bara harra o då ble dar ente nåd sjött. Han gjore ju gull osse, men når de geck galed, so va han lia gla for de. Hadde de vad ridaktören, hade han svored, men de gjore allri Strindbarj. Ja, de va en bra kar."

Bland Strindbergs vänner är det väl känt att "Gudamat" och "Namnam" är samma sak som hederlig svensk ärtsoppa. Senare, när Strindberg lever ensam i Blå tornet bjuder han ofta vännerna på denna läckerhet.

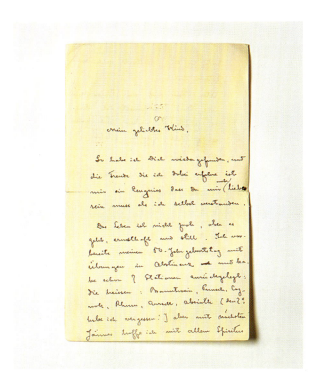

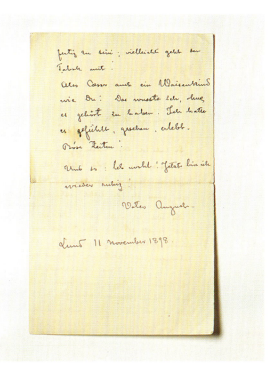

Tiden i Lund blir en produktiv period i Strindbergs liv. Han kommer dit mitt under *Inferno*-krisen.

August Strindberg berättar själv om Lundatiden i *Inferno*, som han börjar skriva i maj 1897:

Alltifrån ungdomen ägnar jag min morgonpromenad åt meditationer som utgöra förberedelse till mitt arbete under dagen. (…)

I själva verket kan mitt sinne om morgonen glädja sig åt en jämvikt och en expansion som snuddar vid extas; jag går icke, jag flyger; jag känner ej att jag har någon kropp, sorgerna förflyktigas, jag är helt och hållet själ. Det är min andakt, min bönetimme, min gudstjänst. (Ur Inferno, s 225, 227)

I slutet av augusti 1897 åker Strindberg till Paris och inväntar där mottagandet av *Inferno*.

Först 1 april följande år är han tillbaka i Lund. Vännerna vittnar om att Strindberg har blivit äldre. Håret är gråare. Men han verkar också friskare och gladare. Under det år som följer är Strindberg intensivt verksam. Han skriver dramerna "Folkungasagan", "Gustav Vasa", "Brott och brott" och "Advent" samt romanen *Klostret*, som handlar om hans andra äktenskap.

Han lever nästan som en enstöring och umgås bara med några få bekanta som blir hans nära vänner. Här lär han bland andra känna Nils Andersson, som blir hans trogna vän. Nils Andersson är jur kand, men ägnar sig framför allt åt att samla in svenska folkvisor. Långt senare minns Strindberg hur han räddas av Nils Andersson och Hans Gillberg ur sin ensamhet.

Inför 50-årsdagen den 22 januari 1899 gör Gustaf Uddgren en födelsedagsintervju med Strindberg för Svenska Dagbladet. Uddgren berättar om hur Strindberg diktar och studerar. På hans bord ligger en stor manuskripthög som växer dagligen och på vars omslag står präntat "Drama".

Frida Uhls porträtt står ännu på hans skrivbord. På en liten bokhylla har han några få böcker, däribland bibeln på franska. Av sina egna arbeten har han bara *Svenska öden och äventyr*. Varje morgon vandrar han till "Botaniskan". En undergiven frid präglar hans drag, när man möter honom, berättar en av hans vänner.

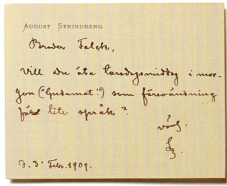

Strindberg firar sin 50-årsdag i det Bülowska hemmet i Lund 1899.

Dagligen tar han en promenad utefter "Vallen" i Stadsparken eller runt dammen i Botaniska trädgården.

De svenska gula ärtorna kommer väl till pass när August och Siri Strindberg i början av januari 1884 bjuder vännerna Carl och Karin Larsson på middag:

Herrskapet Larsson
inbjudas vänl.
till en Svensk Ärtmiddag
om onsdag kl 6.

Menu:
Smörgåsbord med bränvin – fisk
Ärter och fläsk.
Äppelpankaka.
Namnam.
Ost.

Strassburger öl
Genever.
Giftfritt Suresnes.
Kaffe Cognac
m.m.

(Brev 7.1.1884)

Redan under utlandsåren sätter längtan efter ärtsoppa, denna gudamat, åt honom. Hösten 1883 skriver han till sin förläggare Claes Looström från Paris: "Ville du (…) skicka mig ett par kannor gula ärter skulle jag vara glad." (7.11.1883)

I "Marthas bekymmer" skildrar han sin lycka:

Men det lider till julafton, och Martha får nya
bekymmer, vilka dock för stunden blåsas bort av en
liten glad händelse. Det kommer nämligen en dag ett
stort paket från järnvägen, åtföljt av en hand full
dokument, förpassningar, förtullningar, certifikat och
timbres. Paketet innehåller utom annat en liten
lärftspåse, som sprider en skön doft, vilken liknar
hemlandstoner, om nämligen sådana kunna dofta.
Påsen öppnas, och kolonisterna stå rörda och glada
framför ett par kannor gula, svenska torsdagsärter och
en knippa dill, översända av en vänlig landsman.
(Ur *Prosabitar från 1880-talet*, s 82)

ÄRTOR MED FLÄSK

Ingredienser: 6 dl gula ärtor (torkade), 3 l vatten, 400 g rimmad fläskbog, 1–2 lökar, timjan, mejram, 2–3 nejlikor.

Lägg ärtorna i blöt 12–16 timmar eller köp snabbärtor som går att koka genast utan blötläggning. Koka upp ärtorna i samma vatten och skumma väl. Späcka löken med nejlikorna och lägg i soppan. Lägg även i fläskbogen och låt koka i ca 2 tim (halva tiden för snabbärtorna). Under tiden soppan kokar avlägsnas eventuella ärtskal med en visp. Smaksätt soppan med timjan och mejram. Tag upp fläsket ur soppan, skär det i tärningar och lägg tillbaka det i soppan. Fläsket kan även skivas och läggas på en assiett vid sidan om.

PLÄTTAR

Ingredienser: 2 ägg, 2 dl vatten, 2 dl grädde, 2 dl mjöl, 2 msk smält smör, 1 nypa salt.

Vispa äggen med mjölet till en slät smet. Späd med grädde och vatten. Smaksätt med lite salt. Häll det smälta smöret i smeten innan plättarna gräddas. Stapla plättarna i lagom stora högar efter gräddningen och ät dem med sylt efter soppan.

Bröllopsmiddag på Hasselbacken

Älskade, Älskade… Våren står och väntar på oss, det korta lifvet förgår;
vårt lilla fogelbo är bygdt; de små själarna, som skola bli våra, stå och vänta på
att våra kyssar skola ge dem gestalt, ömhet och framtid…

I maj 1900 träffas August Strindberg och skådespelerskan Harriet Bosse för första gången. Det är inte en slump. Harriet har på avstånd beundrat Strindberg länge. När hon spelar Puck i "En midsommarnattsdröm" ber hon teaterdirektör August Palme att sammanföra henne med den store författaren. Och precis som alla andra blir Strindberg förtjust i henne. Han ber sin syster Anna att köpa hennes porträtt i bokhandeln. Han skickar också blommor. Strindberg är över femtio år och hon nyss fyllda tjugotvå.

Som landets främste dramatiker har Strindberg stort inflytande över vem som skall spela huvudrollerna i hans pjäser. Den uppåtgående stjärnan Harriet Bosse kan gestalta dem och utnämns nästan genast till det nya seklets skådespelerska.

Båda två försöker de senare att rekapitulera hur deras känslor för varandra utvecklas. Strindberg erinrar sig till exempel en episod som inträffar under genrepet på "Till Damaskus":

Så hände det: Efter 1:a akten gick jag upp på scenen och tackade Bosse. Gjorde en anmärkning på slutscenen der kyssen skall ges med nedfälldt flor. Som vi stodo der midt på scenen omgifna av många menniskor, och jag talade allvarligt om kyssandet, förvandlades Bosses lilla ansigte, förstorades och antog en öfvernaturlig skönhet, tycktes komma inpå mitt, och hennes ögon omvärfde mig med svarta ljungeldar. Derpå sprang hon utan anledning sin väg, och jag stod handfallen med intryck af ett underverk och af att jag fått en kyss som berusat

mig. Sedan spökade B för mig i tre dagar, så att jag förnam henne i mitt rum.
　　　　　　　　(Ur *Ockulta dagboken*, 15.11.1900)

Knappt ett år senare friar August Strindberg till Harriet Bosse. Hur det gick till har hon själv berättat långt senare:

HARRIET BOSSE SOM "PUCK"
I "MIDSOMMARNATTSDRÖM"

"Så lade han sina händer på mina axlar, såg djupt och innerligt på mig och frågade: 'Vill ni ha ett litet barn med mig, fröken Bosse?' Jag neg och svarade helt hypnotiserad: 'Ja, tack', och så voro vi förlovade." (Ur *Breven till Harriet Bosse,* red T Eklund, s 15)

Redan före förlovningen den 5 mars börjar Strindberg studera Bodafors priskurant för att välja ut möbler till det nya hemmet. Samtidigt går han till skräddaren och skaffar nya kläder "såsom om jag väntade förlovningsvisiter". När han så framfört sitt frieri går han och köper ringar och lämnar in förlovningsannonsen på depeschbyrån. På kvällen går han och Harriet med hennes syster och svåger på Rydbergs och firar. Allt enligt tidens sed i Stockholm.

Förlovningstiden beskriver Strindberg själv som "full av herrliga stunder och vackra strider mot det fula". Inspirerat skriver han sagospelet "Svanevit".

I *Fagervik och Skamsund* rapporterar Strindberg senare:

Förlovningstiden var ett enda stort rus. Han försäkrade att han icke behövde dricka mer, ty hennes närvaro gjorde honom bokstavligen drucken.

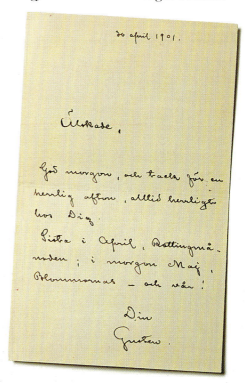

Under de närmast kommande veckorna plane-
ras bröllopet in i minsta detalj:

Kära Bror Axel,
Nu får vi lysning i morgon fredag klockan 10. Är
Du då god tar en droska från Centralen, när du
lemnat Charlotte, och råkar oss i Pastorsexpeditionen
Jungfrugatan 7 B.? Vill Du svara i telefon denna
afton, då jag är hos Harriet från kl. 7. Telefon:
Ö: 19.86 (Gref Magnigatan 12, 4 tr. upp) Hos Fru
Inez Ahlqvist.

Bröllopet synes bli den 6e maj. Sker i all enkelhet
hos Möllers. Vi bedja få påräkna Dig som enda släg-
ting till brudgummen; från brudens blir endast hen-
nes syster Fru Ahlqvist. Ni två jemte presten äro de
enda inbjudna.

Vår glädje är obeskriflig, då all oro lagt sig efter
det rysliga bråket med advokater och presterskap.

Helsa Charlotte och önska lycklig resa. Få
Harriet och jag tid komma vi till stationen!
Vännen
August. (18.4.1901)

Strindberg ber också den unge Tor Bonnier att
tillsammans med några kamrater stå vid Djur-
gårdsbron och kasta små violbuketter i den
öppna landå som de nygifta färdas i. Efter diver-
se trassel – det var bland annat oklart hur det
förhöll sig med Strindbergs skilsmässa från Frida
Uhl, kan August Strindberg och Harriet Bosse
gifta sig söndagen den 6 maj.

Häggen står i blom på Djurgården och brons-
gubben på Djurgårdsbron blåser fanfar för de
nygifta när de passerar. På Hasselbacken står en
ståtlig bröllopsmiddag och väntar. "Backen" är
Stockholms elegantaste utvärdshus. Krogen
lockar med vårens första primörer. På bröllops-
menyn står både Halmstadlax och oxfilé.

Strindberg har sett till att det lilla bröllopssäll-
skapet får ett enskilt rum på bottenvåningen, där
de kan njuta av bröllopsmåltiden i lugn och ro.
Utanför hörs sorlet av vackert klädda damer och
herrar som också tagit sig ut till Hasselbacken
för att välkomna våren. Varma röda filtar och
punsch håller vårkylan borta.

HASSELBACKEN

MENU
DU 6 MAI 1901

Hors d'œuvre.

HUMMERALADÅB

Ingredienser: 125 g hummerkött, 1 dl fiskbuljong, 1 dl vitt vin, 1 blad gelatin, gräslök.

Blötlägg gelatinbladet i vatten ca 5 min. Värm fiskbuljong och vitt vin. Lägg i gelatinbladet och värm tills det har smält. Tärna hummerköttet och blanda det med hackad gräslök. Lägg blandningen i små timbalformar och fyll upp med vingelén. Låt svalna och stjälp upp på fat.

BULJONG

Ingredienser: 3–4 kg huggna nötben, 1 purjolök, 2 morötter, 1 bit rotselleri, timjan, vitpeppar, lagerblad.

Koka upp benen i en stor kastrull och spola dem därefter i kallt vatten. Gör ren kastrullen och lägg tillbaka benen. Fyll på kallt vatten så att det täcker benen, koka upp och skumma väl. Tillsätt sedan grönsakerna i bitar och kryddorna. Koka under skumning i 4–5 tim. Sila sedan buljongen och koka ytterligare 1 timme för att få mustigare smak. Serveras med tärnade rotfrukter i buljongen och oststänger eller ostpastej till.

OSTPASTEJER

Ingredienser:
Till pajdegen: 150 g smör, 150 g mjöl, 2–3 msk kallt vatten eller grädde.
Till fyllningen: 3 ägg, 2 dl grädde, 1 tsk mjöl, 4–6 msk riven ost.

Klä små portionsformar med ett tunt lager pajdeg och fyll dem nästan helt med fyllningen. Grädda i 200 grader 15–20 min eller tills fyllningen stelnat. Knacka försiktigt ut pastejerna ur formarna och servera omedelbart.

VARMRÖKT LAX
MED SPARRIS OCH SPENAT

Ingredienser: 1,4 kg varmrökt lax, 12 färska sparrisstänger, 500 g färsk spenat, färsk potatis, 1 msk smör, 3–4 dillkvistar.

Skinna och bena ur den varmrökta laxen och lägg upp den på silverfat. Hur man kokar färsk sparris beskrivs på s 29. Skölj spenaten noga och koka den i saltat vatten i 4–5 min. Häll sen bort spadet och låt spenaten rinna av. Fräs spenaten i lite smör och salta och peppra. Lägg upp sparris och spenat på fat och garnera med dillkvistar. Servera kokt färsk potatis till.

HELSTEKT OXFILÉ
MED HASSELBACKSPOTATIS

Ingredienser: ca 600 g oxfilé, 1 blomkålshuvud, 8 späda morötter, ca 100 g haricots verts, 1 hackad lök, ca 800 g potatis (3 medelstora potatisar per person), smör, finsiktat ströbröd, riven ost, salt och peppar.

Skala potatisen och snitta den sedan tunt nästan ända ner. Det går lätt om du lägger potatisen i en träslev. Lägg sedan potatisen i en smord form med den skivade sidan uppåt. Salta, strö riven ost och lite rivebröd över och lägg på några smörklickar. Stek potatisen i ugn (175–200 grader) i ca 45 min.

Putsa filén fri från senor. Salta och peppra den och bryn den sedan runtom i en stekpanna. Sätt in filén i ugn (175 grader) i ca 20 min. Ta ut köttet och linda in det i smörpapper och låt vila i 10–15 min. Skala morötterna och dela upp blomkålen i små buketter. Koka i saltat vatten. Gör likadant med haricots verts. Arrangera det hela som på bilden.

GLACE PANACHÉE

Lägg upp glass av flera olika sorter och färger, t ex vaniljglass, pistaschglass, jordgubbsglass, blåbärsglass, citronglass, chokladglass, så att det ser ut som en färggrann fjäderbuske.

BRÖLLOPSKROKAN

Ingredienser:

Till mandelmassan: 200 g skållad och mald söt-
mandel, 4 dl siktat florsocker, ungefär 2 äggvitor.
Till pralinen: 50 g skållad sötmandel, ¾ dl strö-
socker.
Till nougatbottnen: 2 dl strösocker, ½ dl skållad
och finhackad sötmandel.

Idag är det svårt att få någon konditor att göra
en bröllopskrokan. Men med lite omsorg och
gott om tid kan du göra en stilig krokan själv.

Börja med att rita upp mönstret till krokan-
bågarna på smörpapper.

Gör sedan mandelmassan genom att blanda
mandeln med sockret. Stöt det tillsammans med
äggvitan i en mortel tills massan har blivit slät.
Pralinen som skall blandas i mandelmassan till-
reds genom att mandeln glaseras med socker i en
stekpanna. Låt smeten stelna på en plåt och mal
den sedan i en mandelkvarn. Blanda den med
mandelmassan till en mycket fast deg. Spritsa ut
längder på bakbordet. Smörpappret med mönst-
ret smörjs och läggs på plåtar. Forma längderna
noggrant efter det uppritade mönstret.

Grädda krokanbågarna i ganska svag ugnsvär-
me (175–200 grader) tills de är ljusbruna. Låt
dem ligga kvar på plåten i rumstemperatur tills
krokanen skall sättas ihop. Allt detta är bra att
göra en eller ett par dagar före festen.

Blanda den finhackade mandeln och sockret
till nougaten i en stekpanna. Rör hela tiden tills
sockret är smält. Häll upp på en smord plåt och
forma massan till en rund botten.

Sätt helst ihop krokanen precis före serve-
ringen. Doppa försiktigt krokanbågarna i smält
socker och placera dem på nougatbottnen. Se till
att krokanen står rakt och stadigt. Droppa för-
siktigt smält socker i fogarna så att de olika
delarna håller ihop. Dekorera med flaggor, brud-
par i marsipan, kanderade frukter etc. Förvara
den färdiga krokanen i rumstemperatur. Står den
fuktigt mjuknar den lätt och faller ihop!

Vår lyckligaste tid

Lillan har redan komponerat matsedeln:
blomknoppar med smör (= Kronärtskockor)
och stora kräftor (= Hummer)

De nygifta åker till "Röda huset" med adress Karlavägen 40 och tar sin nya våning i besittning. I dagboken skriver Strindberg:

"Hemkomsten då salen var fyld av blommor och hela våningen upplyst var som en saga."

Det är en ljus och vacker femrumsvåning i ett stort nybyggt tegelhus vid Karlaplan. Strindberg har sett det fullbordas på sina promenader. Eftersom han precis fått ett förskott på 10 000 kr för

sina *Samlade dramatiska skrifter* av Gernandts förlag kan han köpa nya möbler till hela våningen. Strindberg är mycket nöjd med resultatet. Men när Harriet Bosse trettio år senare erinrar sig hur det såg ut talar hon om gammaldags smak och rysliga "80-talsmöbler". Strindberg beskriver matsalen som Harriet Bosse fann särskilt ogemytlig i en scenanvisning till "Damaskus III":

Från det nybyggda Röda huset vid Karlaplan ser Strindberg långt ut på Ladugårdsgärde.

*En vacker, boaserad matsal, med majolika-kakelugn.
Matbord mitt på golvet överfyllt med blommor i
vaser; två kandelabrar med många tända ljus. Stor
skulpterad buffé till vänster. Till höger två fönster. I
fonden två dörrar; den vänstra står öppen och visar
Fruns salong i ljusgrönt och mahogny; en ståndar-
lampa av mässing med en stor citrongul skärm är
tänd. Den högra dörren är stängd.*

    *Till vänster bakom buffén är ingång från tam-
buren.* (s 359)

Harriet Bosse är ung. Men hon har en viljestyr-
ka och ett temperament som inte står Strind-
bergs efter. Redan efter några veckor lämnar
hon hemmet för första gången. På hösten 1903
flyttar hon med dottern Anne-Marie till en egen
våning vid Biblioteksgatan. Men makarna fort-
sätter att umgås. Strindberg avgudar sin lilla dot-
ter och älskar sin unga hustru. Både i brev och
noveller skriver han om sin kärlek och lycka, sin
vånda och saknad:

*Det var vår lyckligaste tid; vi avundades oss själva
denna vår uppfinning, denna nya form av samlevnad
utan äktenskapets klippor, tjänarne och hushållet.
Varje middag intogs hos mig och varje afton gick jag
dit för att närvara vid barnets sänggång; sedan satt
jag med modren som ibland läste högt; ibland spela-
de på sin flygel. Ofta talade vi icke, utan jag satt
tyst, åskådande hennes skönhet, när hon lutade sig
över ett arbete. Ibland gick vi ut att spatsera på afto-
nen; vi tittade i bodfönstren, besökte ett panorama
eller något annat oskyldigt; vi behövde icke teatrar
eller restauranger, icke sällskap av människor! "Vi
tre" voro en värld för oss. En gång emellan kom hon
till mig för aftonen; då hade jag smyckat till fest med
ljus, blommor och vin; vi suto under en stor palm vid
det runda bordet med vår duk i ett gobelängsmönster
som gav en oändlig mängd sällsamma figurer och
tjänade oss som ett slags spådomsbok. När då stäm-
ningen var god och hög, önskade vi oss få sitta där
till levnadens slut och tala samman. Men när det led
mot midnatt, måste hon gå hem till barnet; och dessa
nödtvungna avbrott höll vårt förhållande friskt, så att
det aldrig hann unkna. Men nu var det slut!*

                    (Ur *Taklagsöl*, s 12f)

Östermalms saluhall ligger inom gångavstånd från Karla-
plan. Hit går Strindberg med Lillan och provianterar
hummer och ostron. Här hittar han vårens första primörer.

Utanför på Östermalmstorg är torgkommersen i full
gång. Hit kommer bönder och bondmoror och säljer
potatis, grönsaker, svamp och blommor.

När Harriet Bosse flyttar bor Strindberg ensam kvar i den stora våningen vid Karlaplan. Men dottern Anne-Marie vistas tidvis hos honom när Harriet Bosse är ute på turné. När hon spelar "Pelleas" i Göteborg hösten 1905 skriver Strindberg och berättar om hur han och dottern längtar efter henne:

Käraste du,

   (…)

Lillan och jag hafva väntat dig om nästa Lördag. Hon räknar på fingerna: fem, sju, tio, åtta dagar. Och hon har redan komponerat matsedeln: blom-knoppar med smör (= Kronärtskockor) stora kräftor (=Hummer); och mamma skall sitta i sin stora stol, som ingen har fått sitta i, sedan hon reste.

   (…)

Blif icke för länge i Gbg, så att alla pjeser äro utkör-da till recetten! Du måste tänka på Dig först! Och tag hellre Ranfts förslag än Castegrens turnéer!

   Alltså: återseende snart!

          Din
          August Sg. (29.10.1905)

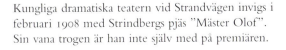

Kungliga dramatiska teatern vid Strandvägen invigs i februari 1908 med Strindbergs pjäs "Mäster Olof". Sin vana trogen är han inte själv med på premiären.

På sina tidiga morgonpromenader går Strindberg gärna förbi de teatrar som har hans pjäser på repertoaren för att kontrollera att affischerna ser bra ut.

Hushållerskorna kommer och går i rask följd. Strindberg känner sig förföljd och kopplar ihop mat- och kvinnofrågorna. Han misstänker att "de elaka feminina demonerna har gaddat sig samman för att undanhålla männen god och närande föda".

Strindbergs misshumör över maten tar sig ibland enorma proportioner. På kort tid byter han hushållerska sex gånger. Till slut tvingas han sköta sig själv:

"(…) åt svart svinmat ur en hämtare – med ett ord allt bittert livet äger måste jag lida utan att jag förstod orsaken." (Ur *En blå bok I*, s 430)

I ett utkast till kammarspelet "Pelikanen" skriver Strindberg:

"Doppa i Grytan på Julafton; det är den enda dag männen få besöka köket och äta sig mätta af kött- och fläskspadet, 'kraften' som qvinnorna i köket eljes slicka i sig hela året om. (…) Julen är 'kraft' (så heter buljong och spad på Norska), eljes suga vampyrerna (qvinnorna) åt sig kraften för att få magt att herrska."

Strindbergs syster Anna, som nyligen blivit änka, hushållar en tid för honom i Röda huset:

"Hans dag började kl. 7 på morgonen, då kaffekokaren skulle stå på matsalsbordet med spritlågan brinnande.(…) Med hatten på huvudet (därför att 'tankarna ej skulle flyga bort') slog han sig ner för att sköta om sin kaffekokare ensam, ingen fick synas. Så raskt iväg på den långa morgonpromenaden.(…) Redan första dagen jag kom till honom, hade han varnat mig för att visa mig, då han kom hem från morgonpromenaden.(…) Arbetsrummet skulle vid hemkomsten från promenaden vara i ordning. Genast satte han sig vid skrivbordet, och 'så gick det löst', som han uttryckte sig. Under flitig cigarrettrökning och med dörren väl stängd pågick arbetet ungefärligen till klockan tolv. Då var han alldeles uttröttad och måste lägga sig att vila på en soffa, sedan portföljen med manuskripten noga inlåsts. Efter en kort vila har han

kopplat av sina diktartankar och är åter spänstig till kropp och själ. Han tar emot besök, resonerar, läser och skriver brev.(…) Middagen skulle nämligen serveras klockan tre och på slaget. Den bestod av ett litet men gott smörgåsbord (…). Därefter 'kraftsoppa' (oxsvanssoppa eller buljong). Nästa rätt bestod ibland av fågel. Snöripan är den finaste, var hans mening." (Ur *Ögonvittnen, del II*, s 213f)

Bordet skall vara vackert dukat. Servisen med guldkant på tallrikar och glas har Strindberg själv valt ut.

Efter en kort middagsvila är han pigg igen och fördriver gärna kvällen med goda vänner, samtal och pianospel. Strindberg trivs bäst tillsammans med några få vänner, gärna barn och ungdomar. När han börjar tala, tystnar alla. Strindberg berättar fascinerande och med humor om sina resor i utlandet, om mystiska upplevelser, om sitt guldmakeri. Sällan om sina egna arbeten, berättar hans syster Anna.

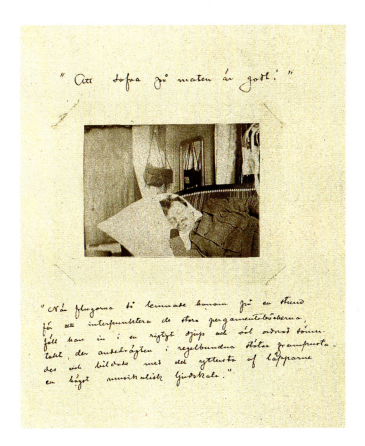

OXSVANSSOPPA

Ingredienser: 1½ kg oxsvans, vetemjöl, 3 gula lökar, 4 stora morötter, 1 palsternacka, 1 bit rotselleri, 1 purjolök, persiljestjälkar, 3–4 msk smör, 3½ l vatten, 1½ msk salt, ½ tsk krossad svartpeppar, 2 lagerblad, 2 buljongtärningar, soja, sherry.

Be slaktaren att stycka oxsvansen i bitar. Skala och skär löken och rotsakerna i bitar (spara 2 morötter). Vänd köttbitarna i lite mjöl. Bryn dem runtom i en stekpanna. Lägg sedan över dem i en stor gryta. Bryn därefter löken och rotsakerna. Lägg ner dem i grytan. Slå på vattnet, salt, peppar, lagerblad och persiljestjälkar. Koka till dess köttet lossnar lätt från benen. Tag upp köttbitarna. Sila buljongen och ställ den kallt. Rensa köttet från ben, brosk och fett och skär det i små bitar. När buljongen har kallnat tas fettkakan bort. Skala och strimla de sparade morötterna, skiva purjolöken tunt. Koka dem var för sig så att de nätt och jämnt är mjuka. Häll i resten av buljongen och det finskurna köttet. Smaksätt med buljongtärning, lite tomatpuré, soja och sherry.

GLASSMARÄNG

Ingredienser: 1 l vaniljglass, 6 äggvitor, 6 msk socker, 1 rund sockerkaksbotten, persiko- och päronhalvor.

Vispa äggvitorna till hårt skum, tillsätt sockret lite i taget under vispningen. Lägg sockerkaksbottnen på ett ugnssäkert fat och lägg glassblocket ovanpå, gärna i form av en kupol. Bred sedan över marängsmeten jämnt. Spara lite till spritsningen. Ta en spritspåse, fyll med marängsmet och spritsa ett mönster på kupolen. Sätt in glassmarängen i ugnen (275 grader) i 5 min eller tills marängen har fått färg. Servera marängen omedelbart med t ex persiko- och päronhalvor. Har man tillgång till någon god likör som Cointreau eller Grand Marnier kan man slå några droppar över marängen.

Kräftor – ett måste

*När kräftorna, sex stycken, anlänt, undersöker
han deras kön, och när intet befinnes att invända,
skrider han till den njutningsfulla akten.*

Kräftor är en av Strindbergs absoluta favorit-
rätter. Dem kan han äta året runt. På sommaren
på Kymendö eller i Furusund. Till supé med
sina musikaliska vänner – Beethovengubbarne.
Till jul… Och drömma om när han är långt
borta hemifrån.

När magister Blom äter kräftor i *Giftas*-no-
vellen "Måste" får Strindberg varje läsare att
känna doften och smaken av dill och nykokta
kräftor:

– *Honkräftor? säger magistern.*

– *Stora honkräftor, säger Gustaf och går ut till
köksluckan och ropar. Stora honkräftor, åt magistern
och mycket dill!*

*Därpå går han efter en uppsättning smör och ost,
skär två skivor ankarstock och ställer fram på magis-
terns bord. Denne har i verandan gjort en razzia
efter aftontidningarne, men bara fått Posttidningen.
Till ersättning tar han Dagbladet som han icke
hann med i middags; och så sätter han sig på
Dagbladet, bryter ut och in på Posttidningen och
lägger den till vänster om sig på brödkorgen. Så stry-
ker han med kniven några geometriska smörfigurer
på ankarstocken, skär en rektangel av schweizer-
osten, slår i supen till tre fjärdedelar och för den i
höjd med munnen; där gör han en paus som om han
tvekade inför ett medikament, kastar huvudet bak-
länges och säger huh! Så har han gjort i tolv år och
så kommer han att göra till döddar.*

*När kräftorna, sex stycken, anlänt, undersöker
han deras kön, och när intet befinnes att invända,
skrider han till den njutningsfulla akten. Servetten*
*stickes med ena hörnet under löskragen, två smör-
gåsar med ost ställas i beredskap bredvid tallriken
och han slår i ett glas öl och en halva. Därpå tar
han den lilla kräftkniven och börjar slakten. Det
finns ingen mer än han som kan äta kräftor i
Sverige, och när han ser någon annan råka äta kräf-
tor säger han: Du kan inte äta kräftor. Först gör han
ett snitt omkring kräftans huvud, och sedan han fått
hålet för mun, suger han.*

August Strindberg står på verandan till Isola Bella och
tittar ut över farleden vid Furusund.

*– Det är det finaste – säger han. Sedan lossar han
thorax från underredet, (ristar blodörn som han kal-
lar det) sätter tänderna i skrovet och suger i djupa
drag; därpå släpar han de små benen som sparris.
Därpå äter han en nypa dill, dricker en mun öl och
biter i smörgåsen. Sedan han noga skalat klorna och
sugit ur de finaste kalkrören, förtär han köttet och
övergår till stjärten. När han ätit tre kräftor, tar han
en halva och läser utnämningarne i Posttidningen.*
(Ur *Giftas I*, s 81f)

Magister Blom förtär sina kräftor i ensamhet.
Strindberg vill gärna äta dem tillsammans med
vänner. Under somrarna har han rika tillfällen
till det.

I källarsalen på Fagervik sitter ett sällskap
redo för en måltid:

*Kära fru Lundström, lägg brännvin på is och rusta
en sexa,
Sexa för sju med kräftor och ål och med nya rädisor;
Burträskosten ej glöm och det möraste Bergmans
spisbröd;
Sedan på kannorna fyll av Sankt Eriks skummande
Pilsner,
Tag så av Portern som ett emot två och blanda med
Pilsnern;
Då är gästabud rett på Svenskmannavis – Jag har
talat!* (Ur *Ordalek och småkonst*, s 9)

En av gästerna tar till orda och prisar Fager-
vik och sommarens alla läckerheter och allt det
naturen ger:

*Dillen är sådd, den oumbärliga härliga dillen,
När i augusti från land de smällfeta sprattlande
kräftor
Föras i granris hitut, och från yttersta kobbar och
skären
Läckraste lammkött och kalv i båtar komma till salu,
Ej förgätandes väl att oumbärliga dillen
Ensam äger den makt att göra kokströmming ätbar...*
(s 11)

*Och när sista båten går in och jag flyttar till staden,
Har jag än kvar en bukett åt ångbåtsrestauratrisen,
Som ett minne och tack för alla ljuvliga stunder
Hon mig berett vid försalongens dignande matbord---
O den dejliga åln, den inkokta laxen, go herrar---*
(s 12)

*Astrakaner man ser på gångarne, likvisst som fall-
frukt;
Hallonen höstas alltjämt, meloner och läckraste
gurkor;
Gurkor det är min frukt, min liv-frukt må jag
bekänna,
Själv jag odlar dem bäst och lägger dem in uti
burkar.* (s 19)

August Strindberg tillbringar sommaren 1904 med dottern Anne-Marie i Furusund.

Fagervik, dvs Furusund, är i slutet av 1800-talet en känd badort, dit många bekanta stockholmare, författare och konstnärer tar sin tillflykt under några sommarmånader. August Strindberg bor där under fyra somrar vid sekelskiftet på flera olika ställen. Först hos skomakare Andersson sommaren 1899. Sommaren därpå hyr han Villa Venezia på Täckholmen. Ett par år senare bor han i Villa Isola Bella i andra änden av Furusund. Strindberg reser redan i början av juni dit med sin lilla dotter. Nästan dagligen skriver August Strindberg och Harriet Bosse till varandra.

Strindberg längtar, hoppas, undrar:

"Hur skall denna sommar sluta? Allt så ovisst, sväfvande, hotande! Har Du kommit till någon klarhet? Gusten."

Det dröjer ända till midsommar innan Harriet kommer. Därpå följer några härliga sommarveckor.

I brev till Richard Bergh berättar Strindberg om den återfunna familjeidyllen:

Här sitter jag nu på Isola Bella med hustru och barn, segelbåt, badhus, gäddrag, aborrspön, operaterass och solsken, alldeles som i de bästa sommarfagra dagar jag haft. C'est la vie, quoi Så länge det räcker! Om morgondagen vet jag intet, ännu mindre om hösten. Jag tar en dag om sänder (Carpe diem) som datumvisarn. I almanackan kan man kika i förväg mellan bladen, men i datumvisarnas förseglade bok kan man det icke. Das macht ein Unterschied.

(7.7.1904)

En månad senare andas breven uppbrott:

Sommarn lider mot slutet! Allt går igen och repete-ras! Förra lördagen gafs af min hustru och mig, på Isola Bella, en supé – för hela familjen Philp! Stämningen briljant! P. talade och var ung! Inte ett missljud! Hvad sägs om det?

Musik, blommor, vin, damer, tal, ungdom, skön-het... Och så var det slut! Men först hade vi några qvällar på terrassen med Carmenmusik, en middag och en supé hos Philps, och ett oförgätligt kägelspel, som på natten slutade med kapplöpning (jag tog record).

C'est la vie, quoi? Möjligen kommer detta också igen innan sommarn slutat. Que sais-je? (8.8.1904)

Men samvaron får ett brått slut. Redan den 9 augusti lämnar Strindberg Furusund utan att ta avsked av Harriet.

Uppbrottet blir också en vändpunkt för Strindberg. Både som författare och privatper-son. Strindberg sitter ensam och dyster i den stora våningen vid Karlaplan och skriver på *Svarta fanor*. Under hösten blir skilsmässan från Harriet klar.

I dikten "Vid sista udden" ser Strindberg sig själv som en seglare, som med seglets bukiga yta som jätteöra uppfångar fragment av Harriets pianospel i Villa Isola Bella.

Nästa sommar återvänder Strindberg till Furusund. Denna gången ensam. Han skriver till Harriet och försöker att övertala henne att komma:

Jag sitter på vår bröllopsö! Det vackraste, renaste, lugnaste jag sett. Som ett bo för måsar, der man är gömd.(...)

Säg ett ord på telegraf om du längtar norrut. Täckholmen är stort som en famn och vänligt!

(7.7.1905)

Dagen därpå skickar han ett nytt brev:

Sängar finnas, till och med åt Lillan. Sängkläder åt Dig, min blåa, men ej åt Lillan. (...)

Eljes finnes här ALLT! Klädskåp, byråar, linne-skåp, 2 källare, isskåp, vackra lampor, allt som fatta-des på Isola!

Din Vän

(8.7.1905)

Men Harriet avböjer Strindbergs inbjudan och Strindberg tappar intresset för Furusund. Han hoppas dock brodern skall förgylla sista veckan. Tillsammans skall de spela Beethovens alla kvar-tetter. Pianot går dock sönder och det blir ingen musik...

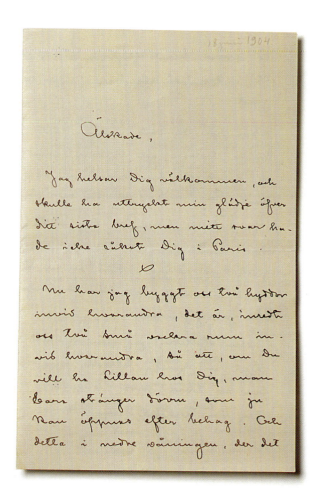

KRÄFTKOK

Ingredienser: 1 kg levande kräftor (22–26 st), 2–3 l vatten, 1 dl grovsalt, 1 sockerbit, rikligt med dillkronor, 1 dl porter.

Blanda i en stor kastrull eller syltgryta vatten, porter, salt, socker och dillkronor. Låt det koka ordentligt. Lägg därefter i de levande kräftorna och låt dem koka 8–10 min. Vänd kräftorna efter halva koktiden. Låt dem svalna i spadet. (Sätt gärna kastrullen med kräftorna i kallt vattenbad så går det snabbare.)

VILDAND

Ingredienser: 2 välmatade vildänder, 1 gul lök, 1 bit rotselleri, 3–4 cl sherry, salt och peppar, smör och mjöl, sockerärtor, 1 litet blomkålshuvud.

Be affären att binda upp de urtagna fåglarna så att de får en fin form. Salta och peppra fåglarna och lägg dem i en ugnspanna tillsammans med bitar av löken och sellerin. Stek fåglarna i ugnen (175 grader) i ca 25 min och ös dem då och då med vatten. Änderna är färdiga när en provsticka lätt glider igenom lårköttet och saften är klar. Ta ut änderna ur ugnen och sila skyn i en kastrull. Red av skyn med lite smör och mjöl. Smaksätt med sherryn och låt koka i 5–6 min. Lösgör bröst och lår från änderna. Skiva och lägg upp köttet vackert på tallrikarna eller ett serveringsfat. Servera med smörkokta sockerärtor och blomkål.

MELON MED HALLON

En stor nätmelon delas. Avlägsna alla kärnor. Skär sedan upp melonen i klyftor och lägg klyftorna på en bädd av vinbärsblad. Strö rikligt med färska hallon över.

Stora Beethovensupén

Smörgåsbord med stekta fiskar samt kotletter,
svart kaviar med hackad rödlök, rädisor, fiskar osv,
allt på bordet på en gång, utom kotletten med
legym, som ensam serveras som rätt.

August Strindberg är besatt av musik. Han spelar piano, kornett, horn, gitarr och flöjt. Han sjunger och komponerar. Precis som olika maträtter låter Strindberg ofta musiken bära fram känslor och sinnesstämningar: glädje, sorg, vrede och ångest:

Musiken går över i Beethovens sorgmarsch. Frun lyssnar, och gripes av fruktan. Det bullrar i isskåpet som när isstyckena rasa ner.
Ett barnskrik höres! Frun i fasa, vill ut, men stannar förstenad.

(Ur *Kammarspel*, s 320)

Musiken är en viktig samlingspunkt i Strindbergs föräldrahem. De ljusa barndomsminnen som han har är ofta förknippade med musikupplevelser:

Ser den gamle i sitt soffhörn röka
Och slå takt till menuetten
När de unge sig försöka
På den Haydenska kvartetten.

(Ur *Dikter på vers och prosa*, s 104)

En byst av Beethoven står på det svarta pianot i Röda huset vid Karlaplan. In i det sista fortsätter Beethovengubbarne att träffas. På ett korrespondenskort från Strindberg antecknar en av dem, Nils Andersson, några notrader i februari 1912.

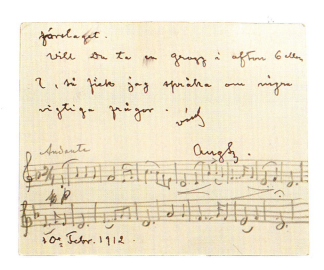

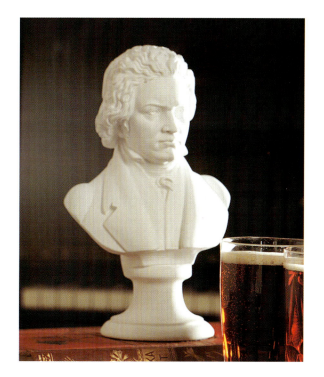

Både Strindbergs far och hans syskon är musikaliska och trakterar olika instrument. Ofta spelar man kammarmusik tillsammans. Som ung student yttrar sig Strindberg ganska nedlåtande om Beethoven. Men med tiden blir han en hängiven beundrare av den store kompositören:

Salsuret hänger över pianot och älskar takt, rytm och harmoni (...). Får det höra Beethoven, då kan det hända att dess slaghammare börjar spela med på en viss ton i basen, det kan icke hålla sig, utan vill vara med i jublet och sorgen.

(Ur *Svarta fanor*, s 143)

Ett nothäfte med Beethovens "Sonatinen" ligger fortfarande framme i hans sovrum uppe i Blå tornet, Strindbergs sista bostad på Drottninggatan i Stockholm.

Det är under Lundatiden som Strindberg och hans vänner, bland andra Nils Andersson, börjar träffas regelbundet för att spela Beethovens kompositioner. När Strindberg flyttar tillbaka till Stockholm sommaren 1899 tar han med sig traditionen. Ungefär en lördag i månaden bjuder han sina vänner "Beethovengubbarne" på supé. Det finns den stora Beethovensupén och den lilla.

I ett brev till den österrikiske författaren Artur Gerber skriver Strindberg:

"(...) jag har till och med instiftat en Beethovenklubb, där man bara spelar Beethoven."

(8.12.1903)

Brodern Axel spelar cello på Beethovenaftnarna. Violinisten och tonsättaren Tor Aulin är en annan trägen Beethovengubbe.

Så finns det passiva "gubbar", lyssnare och konversatörer, som inte själva utövar musik. De viktigaste och oftast närvarande är Vilhelm Carlheim-Gyllensköld, Richard Bergh, Nils Andersson och Karl Nordström. Nils Andersson intar en särställning. Han är som folkmusiksamlare musikproffs och blåser ibland lite Bach på en medhavd tvärflöjt.

I Strindbergs brev till Beethovengubbarne framgår klart att det finns flera oskrivna regler för umgänget under aftnarna. Först musicerar man. Därefter dukas supén fram och ett lättsamt umgänge vidtar.

Flera av tidens kulturpersoner vill gärna bli inbjudna till Beethovensupérna. Men Strindberg är kräsen. Albert Engström har i sin bok *Strindberg och jag* (s 48ff) berättat om ett tillfälle:

En dag i januari 1910 möter Engström, på väg till Strindberg, Anders Zorn på Drottninggatan. Zorn ber att få följa med. Engström telefonerar då till Strindberg som genast frågar:

– Är han musikalisk?

– Mycket.

– Tror du han tycker om Beethoven?

– Det antar jag.

Då senarelägger Strindberg sin middag för att ringa sin bror Axel och beställa Beethoven-musik. Strindberg dukar hastigt om bordet för fyra och tar fram två flaskor champagne som han har hemma. Det blir en glad middag. Slutligen viskar Strindberg:

– Tror du att det passar med Beethoven nu?

– Jag vet inte, men jag antar det.

Axel går direkt på Beethovens nionde symfoni. Plötsligt vill Zorn prata, men Strindberg svarar inte. Då vänder sig Zorn till Engström, som också markerar tystnad. Zorn förefaller besvärad. Nu säger Strindberg tyst till Engström:

– Hör du, det här tycks inte passa Zorn riktigt.

– Ska vi kanske ge honom något mera lantligt? Ska vi ge honom lite Brahms?

– Jag tror att några dalmelodier skulle vara i hans stil just nu.

Med det korta replikskiftet markerar de båda vännerna att Zorn inte förstått det speciella med Beethoven.

"Beethovengubbarne" dyrkar inte bara Beethoven. De är också Strindbergs nära och tillgivna vänner. För ifrågasättande finns här ingen plats – sturska män som Carl Larsson skymtar bara tillfälligt. Strindberg bjuder på andlig njutning, oftast i form av broder Axels pianospel och därefter intellektuellt samtal vid en god supé. Sotare (halstrad strömming), biff, Beaune och Fockink (en holländsk likör). Så preciserar Strindberg själv menyn i ett brev till Harriet Bosse efter Beethovenaftonen skärtorsdagen den 12 april 1906. "Slut ½ tolf. Tulpaner på bordet. Allt sig likt!"

Man börjar vanligen klockan 7 och slutar bortåt midnatt, ibland inte förrän fram på småtimmarna. Strindbergs bror Axel spelar och deltar i samvaron som säkert skiljer sig mycket från hans vanliga umgänge i hovkapellet. Efter musiken vidtar superandet. Från tiden i Blå tornet finns många små lappar till värdinnan, Meta Falkner, bevarade. Strindberg beställer: "Smörgåsbord med stekta fiskar (strömming o gädda) samt kotletter." (5.1.1909) En annan gång: *Stora Beethovensupén för 3 personer (svart kaviar med hackad rölök, rädisor, fiskar o.s.v.) allt på bordet på en gång, utom kottletten med legym, som ensam serveras som rätt."

Då gubbarne går framåt nattkröken är Strindberg ofta för trött för att följa dem ner till porten. Istället utan lånar han ut sin portnyckel. Titt som tätt måste han påminna för att få den tillbaka: "Min portnyckel!!! Aug. Sg."

Det går dock städat till när Beethovengubbarne träffas. Visserligen skriver Strindberg en gång till Tore Svennberg: "Beethovengubbarna ta jetterus om Lördag kl. 7", men det får nog mest ses som jargong.

"Beethovengubbarne" är för övrigt ett träffande namn. För det är verkligen ett gubbkotteri och när Strindberg gifter sig med Harriet Bosse förändras sammankomsterna en hel del:

"Kära Bror Axel,
Vill Du spela Beethoven för dina vänner hos mig om Lördag kl. 7? Som vi tagit våning och ämna gifta oss i april hafva ungkarlssupéerna utbytts mot påbredda familjesmörgåsar. Eljes allt som förr!."(21.3.1901)

Då samlivet med Harriet upphör återgår supéerna till den gamla ordningen. Men under ytan finns en ny oro. Så här skriver Strindberg i maj 1904:

"Axel, Rich. B., C Gyllensköld, Nordström hemma på aftonen sista gången före hösten. Axel spelte Beethovens nionde symfoni och G-dur-konsert, ouvertyren till Egmont. Jag har aldrig varit så gripen. Stämningen hög och god! Vid 12-tiden slocknade elektriska ljusen, så att vi sutto i mörkret. Då fattade jag det som om allt var slut med Harriet."

Hösten 1905 målar Richard Bergh, en av Beethovengubbarne, Strindbergs porträtt. Den 30 november 1905 skriver Strindberg till Harriet Bosse: "Mitt porträtt afsynades i Lördags af Beethovengubbarne och väckte bifall utan protester."

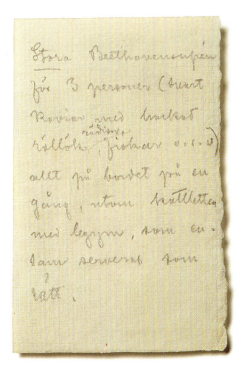

SOTARE MED DILLSMÖR

Rensa färsk strömming och låt ryggbenet vara kvar. Ställ en gjutjärnspanna på spisen, så att den blir riktigt het. Slå någon droppe olja i pannan och lägg i strömmingarna intill varandra. Strömmingarna skall nästan bli brända, så hett skall det vara. Halstra på båda sidorna, lägg upp på varm tallrik och servera tillsammans med dillsmör.

Till dillsmöret blandas 4 msk smör med 1½ msk hackad dill. Smaksätt med lite salt, peppar och pressad citron.

STEKT GÄDDA

Ingredienser: ca 300 g gäddfilé, 2–3 msk smör, 1 liten citron, salt, färsk sallad, fint rivebröd.

Skär gäddfilén tvärsöver i ca 4 cm breda bitar. Salta och pressa lite citron på. Vänd bitarna i fint rivebröd och stek sakta i smör på båda sidor till dess de har blivit gyllenbruna. Lägg gäddan på färsk huvudsallad. Servera med kokt eller pressad potatis.

SMÖRSTEKTA KALVKOTLETTER
MED STUVAD SPARRIS

Ingredienser: 4 kalvkotletter med ben, 12 sparrisar, 4 dl grädde, 2 morötter, 1 rotselleri, 1 palsternacka, 2–3 msk smör, salt och peppar.

Börja med att skala sparrisen och koka den i lättsaltat vatten tills den är mjuk. Gör en tjock sås på grädden och lite av sparrisspadet. Smaka av med salt och peppar. Skär sparrisen i lagom stora bitar (ca 2 cm) och vänd ner dem i såsen. Skala rotfrukterna, skär dem i jämna stavar och koka dem mjuka i lite saltat vatten och en klick smör. Salta och peppra kotletterna och smörstek dem i en panna på medelvärme i ca 4 min på var sida. Lägg sedan kotletterna på ett fat tillsammans med rotfrukterna och servera sparrisstuvningen och kokt potatis till.

Gåsmiddag i Blå tornet

I morgon får jag en gås från Skåne (= landet Gåsen)
af Nils Andersson. I Skåne räcker den oqvicka fogeln bara för
två personer men här i Uppsverge räcker han för 6 (godt).

Strindberg bryter hastigt upp från sin stora våning vid Karlaplan. Utan förvarning står han tidigt en morgon i farstun till det Falknerska pensionatet på Drottninggatan 85. Med en pläd på armen och en väska i handen meddelar han att nu har han kommit till Drottninggatan för att stanna. Det berättar Stella, yngsta dotter till hans pensionatsvärdinna Meta Falkner.

August Strindbergs nya lägenhet högst upp i Drottninggatsbacken är inte stor. Tre små rum utan kök. Det är inte någon paradvåning som den han just lämnat. Men den ligger högt upp i huset, har utsikt åt flera väderstreck och är fullt modern med dusch och elektriskt ljus.

Strindberg döper snabbt sin nya bostad till Blå tornet. Det finns flera olika förklaringar till detta:

Trappuppgången med sina jugendslingor och färgade fönster är himmelsblå.

Kaffehandeln i hörnet och senare Strindbergsmuseet har avbildat det karaktäristiska tornet i blått på sina papperspåsar.

Blå tornet var också namnet på det gamla statsfängelset i Köpenhamn, där bland andra Kristina Gyllenstierna suttit fången. Med detta vill Strindberg antyda att hans egen bostad är ett fångtorn där han sitter skild från världen under sina sista år.

Några stora fester finns det inte plats för i Blå tornet. Men varje höst vid Mårten Gås i november får August Strindberg en präktig gås från sin vän Nils Andersson i Skåne.

Strindberg ser ofta en djupare mening i det han företar sig. Gåsmiddagarna blir på så sätt en viktig symbolhandling. Att äta av den feta gåsen och skölja ner maten med gott vin blir ett avståndstagande från det lutherska: Du skall icke…

Med muntra ord och kort varsel trummas vännerna ihop. Den 8 november 1908 skriver han till exempel till August Falck, chef för Strindbergs Intima teater vid Norra Bantorget:

Från sin lägenhet i Blå tornet högst upp på Drottninggatan ser Strindberg ända ner till Gamla stan och ut efter "Stora landsvägen" till Haga.

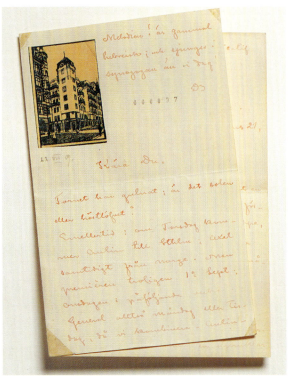

Broder Falck,

I morgon får jag en gås från Skåne (= landet Gåsen) af Nils Andersson. I Skåne räcker den oqvicka fogeln bara för två personer (fråga Flygare!) men här i Uppsverge räcker han för 6 (godt). Nu är frågan, då jag icke, fastän naturaliserad Skåning (förr mantalsskrifven i Lund) kan uppäta fogeln ensam, om jag kunde få hjälp från Intiman. Men då fogeln icke räcker för hela personalen, frågar jag Dig i hemlighet: kan jag bjuda Dig, Fru Björling, Flygare, Kjellgren och Fästmö som med mig gör 6? Eller bara Dig, Fru B. Flygare och Lilla Falkner? Eller Dig, Fru B. och Flygare? O.s.a. om Du vill söka mig när som helst men bäst 2–4; eller 6–7 (Whiskydags!)

Gåsen bör väl ätas om Tisdag!

Vänl.
Strindberg.

På små lappar meddelar Strindberg sin värdinna att det är dags för den traditionella gåsmiddagen och hur många gäster det blir.

Fru Falkner är danska och gift med en skå-

ning. Hon behöver inga närmare anvisningar om hur gåsen skall anrättas. Däremot skriver Strindberg en noggrann inköpslista vad gäller dryckerna:

Från Cederlunds Vinhandel:
1 Hel Mumm Crémant.
½ Hvit Holländsk Anisett
½ Brun Curaçao (Kuraså)
2 Hela Beaune (Bån)
2 halfva Engelskt öl eller Porter
Ödåkra Svensk Aqvavit 1 Liter
1 Italiensk Wermuth

och från kryddboden:
1 Scherry à 2,50 Kr

Runt bordet sitter idel teaterfolk: teaterdirektören och regissören August Falck, skådespelerskorna Amanda Björling och Anna Flygare, Fanny Falkner som också är anställd vid Intima teatern, samt Strindberg. Samtalet rör sig säkert om den förestående teaterturnén till Norge med Strindbergs pjäs "Svanevit". Strindberg har lovat Fanny att få spela huvudrollen.

Fannys syster Stella berättar senare hur kluven Strindberg är. Han ser Fannys brister och försöker undervisa henne i hur hon skall uppträda på scenen. Han inser att hon inte har den utstrålning som krävs. Hennes röst når inte över rampen. Men "Svanevit" blir succé på Intima teatern. Fanny spelar inte Svanevit, hon *är* Svanevit! Pjäsen går sjuttio gånger mellan 30 oktober 1908 och 20 januari 1909 med Fanny i huvudrollen. Men på Norge-turnén är det Anna Flygare som gestaltar den änglalika.

Strindberg skriver till dem båda, för att förklara och råda. Till Fanny Falkner skriver han:

"Det är svårt! men man måste öfva sig, icke blott i utvärtes, utan innerst. Hon är vänlig mot Er i sitt hjerta!"

Och till Anna Flygare:

"Om Ni talat med Er egen stämma, hade det kanske låtit mera upprigtigt och hjertligt. Det här blev ju ett slags 'förställning', som alltid verkar affekterad!

Mer vet jag inte! Vinden blåser inte alla dagar från soluppgången!"

Nils Andersson, gåsdonatorn, får i sin tur en kortfattad rapport på ett vykort med Strindbergs foto på:

Fanny Falkner som Svanevit.

Käre N.A!
(…) Gåsen hade stor succès! Svanehvit går för fullt! Casem repeteras! Café Probst är i München Artisternas Café! Råkar Du Schlittgen, så helsa (han var Ferkelman i Berlin) och är en typisk gemütlig Bajrare! Frid!

Vänl.
AugSg.

Strindberg är full av energi. För de 2 000 kronor han just fått i arvode för pjäsen "Abu Casems tofflor" av Karin Swanströms teatersällskap köper han möbler och annat bohag till sin nya lägenhet.

"Klockan 8 på morgon gick han ut och köpte de der möblerna, och kl 9 då han kom hem skulle allting ut och det var färdigt samma qväll allting", berättar Fanny för Strindbergs vän och biograf Vilhelm Carlheim-Gyllensköld.

Strindberg ber också Fanny komma och beundra hans nya "Sceneri".

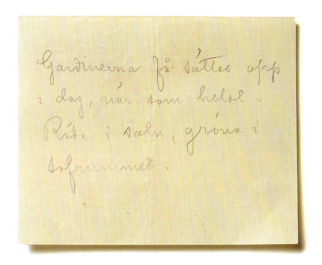

Meta Falkner, Fannys mamma, får dagen där-på i uppdrag att se till att gardinerna kommer upp:

"Röda i saln, gröna i sofrummet."

Samt:

"Var snäll få hit sista tapetseraren och före kl 12 sätta upp alkoven, af de mörkgröna gardiner-na. Men att han ej kommer kl 12 eller 4 eller 7."

Varje höst så länge Strindberg lever fortsätter vännen Nils Andersson att skicka upp en gås från Skåne som påminner om gamla glada tider med "Lundagubbarne". Det blir en kär tradition för Strindberg att bjuda in de närmaste vänner-na till gåsfest i Blå tornet.

Även hösten 1911, bara ett halvår innan han dör, bjuder Strindberg in sin bror Axel, Vilhelm Carlheim-Gyllensköld och Richard Bergh: "Gåsmiddag kl. 4. Fredag! Välkommen! och tack för sist." (7.11.1911)

Strindberg gör inte bara noggranna scenanvisningar till sina pjäser. I sin lilla lägenhet i Blå tornet fyller han också väggarna med "scenerier". I matsalen påminner en liten statyett av Thorvaldsen honom om hans första drama "I Rom". I spegeln syns en gipsavgjutning av Gustav Vasa.

Lampan med "det röda ögat" ställer Strindberg i fönstret för att visa uppvaktande studenter var han bor.

Vilhelm Carlheim-Gyllensköld svarar glatt:

"Kommer med nöje för att fira Näktergalen i Wittenberg." Med detta syftar han både på Strindbergs Luther-drama med samma namn och Martin Luther som hade namnsdag den 9 november, samma dag som gåsmiddagen äger rum.

Till Nils Andersson, som bidragit med gåsen men inte kan vara med, skriver Strindberg dock:

Jag är sjuk! Lägger mig ibland kl 7, emedan jag icke får rum i kläderna. Värst på dagen! I sängen och om natten bra. Bäst när jag har fremmande. Ingen läkare begriper hvad det är. Samma symptom nästan som 1896 – (Inferno). Jag sjelf tror det är menskornas grufliga hat. Fremmandes närvaro tyckes afleda hat-strömmarne.

Jag måtte ha gjort några stora upptäckter som några ha märkt, men de tiga – och hata.

Lef väl! och välkommen när Du kommer!

Vänl

August Strindberg.

SVARTSOPPA

Ingredienser: Gåsflott eller smör, 1 dl vetemjöl, 2 l kalvbuljong, 4 dl gås- eller grisblod, 2 dl rödvin, 1 dl madeira, 3 msk sirap, 2 äpplen i tärningar + 8 katrinplommon, 4 cl konjak, 2 cl vinäger, ½ tsk vitpeppar, 1½ tsk kryddpeppar, 2 tsk kanel, 1 tsk ingefära, ½ tsk nejlikor, salt.

Börja med att fräsa gåsflottet med mjöl och späd med kokande buljong under vispning. Tillsätt det silade blodet lite i taget under mycket kraftig vispning. Tillsätt rödvin och madeira. Låt soppan sakta sjuda upp så att inte blodet koagulerar och soppan skär sig. Sänk värmen så att soppan bara hålls varm. Till kryddningen blandas sirapen med fruktspad från äpplena och katrinplommonen och vispas ner i soppan tillsammans med konjak, vinäger, kryddorna och salt.

STEKT GÅS

Ingredienser: Till 6–8 portioner behövs en gås på 4–5 kg, 1 citron, 1–1½ msk salt, 1 tsk vitpeppar, 8–10 kärnfria katrinplommon, 2 syrliga äpplen.

Gör noga ren gåsen på utsidan, men tvätta den inte med vatten eftersom den skall stekas. Gnid gåsen inuti och utanpå med citron, salta och peppra och fyll den med katrinplommon och äppelklyftor. Tryck ihop låren mot kroppen och sy ihop med krympt bomullsgarn. Stek gåsen i ugn (175 grader). Lägg den först på ena sidan och stek den i 40 min, och stek den sedan lika länge på andra sidan. Vänd därefter bröstet uppåt och låt den steka färdigt. Beräkna stektiden till 1¾–2 timmar. Gör en god sås av skyn som kryddas med tinjan, tomatpuré, salt och peppar.

Servera gåsen med kulpotatis, vinbärsgelé, brysselkål och rödkål.

KRÅS

Kråset består av hjärta, muskelmage, lever, vingar och hals. Tvätta allt väl och låt det ligga i vatten över natten. Koka kråset i buljong. Salta lätt och krydda med några vitpepparkorn, nejlikor och en ½ skalad lök. Låt kråset koka långsamt tills allt blir riktigt mört. Förvara kråset i buljong tills det skall användas.

SKÅNSK ÄPPELKAKA
MED VANILJSÅS

Ingredienser: 1½ l äpplen eller 4 dl äppelmos, 1½–2 dl socker (gärna farin), 3–4 dl skorpmjöl eller riven grov limpa, 4–5 msk smör.

Äpplena, som bör vara friskt syrliga, skalas och urkärnas och skärs i skivor. Smörj en rund form och strö rikligt med skorpmjöl i. Varva sedan äpplen eller äppelmos med skorpmjöl och smör. Sätt in kakan i ugnen (225 grader) tills den fått färg. Då den svalnat något, stjälps den upp och garneras med strösocker. Serveras med vaniljsås.

Om kaffe, vin och andra ädla drycker

Vinet är gott, en Guds gåva, i gott sällskap,
ett dryckesoffer, ett tackoffer för övervunnen
svårighet, en seger, en medgång.

I *En ny blå bok* sjunger Strindberg vinets lov på detta sätt. Han blir under sina utlandsår en god vinkännare. Bland de vita vinerna håller han sig i regel till Mosel. Bland de röda tycker han bäst om Bourgogne, då särskilt Beaujolais och framför allt Beaune. Det senare är hans absoluta favoritvin.

Tidvis, men bara korta perioder, avhåller sig Strindberg från starksprit men aldrig från vin. I "Till Damaskus" frågar Damen om det är sant att Den Okände dricker, och han svarar:

– Mycket! Vinet kommer min själ att lämna hyddan. Jag flyger ut i rymderna, ser vad ingen anat och hör vad ingen hört...
– Och dagen efter?
– Har jag de sköna samvetskvalen; erfar den förlösande känslan av skuld och ånger; njuter av kroppens lidanden under det själen svävar som en rök omkring pannan (...). (s 30)

Ett hundratal bevarade räkningar från olika firmor vittnar om Strindbergs dryckesvanor. Den mest anlitade vinhandeln under Strindbergs år i Blå tornet är Cederlunds söner som står för ca 50 notor. På dessa förekommer Beaune-vin på över hälften. Rhenviner och Château d'Yquem beställer Strindberg också vid några tillfällen.

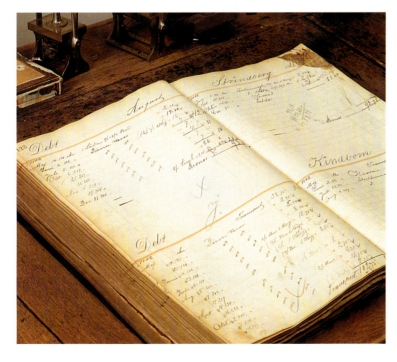

ABSINT OCH ANDRA STARKA DRYCKER

Strindbergs inköpslistor visar att han visst inte
"spottar i glaset". Tvärtom dricker han ganska
mycket. I ett av Bonniers månadshäften skriver
han själv: "Jag har aldrig varit alkoholist eller
drinkare, men jag har druckit; jag har tagit det
som en gåva utan vilken jag inte hade hållit ut
att leva."

Sedan 20-årsåldern dricker han också tämli-
gen regelbundet absint, som redan då anses skad-
ligt. Först under *Inferno*-åren på 1890-talet mär-
ker Strindberg att denna hans "sista fröjd" har
farliga biverkningar och är orsaken till mycket
av hans ångest och synvillor. I slutet av 1897 slu-
tar han enligt *Legender* därför att använda absint.
Men han fortsätter att ofta hälla några droppar
malört i snapsen.

I det längsta opponerar han sig mot whiskyn,
som framemot sekelskiftet börjar bli populär i
Sverige. I *Svarta fanor* skriver han:

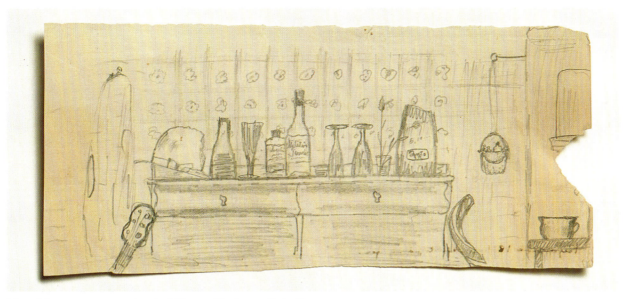

Uppsalakamraternas snapsbord på Kymendö, ritat av Strindberg.

"Whiskyn, den gemena, kom 1890; den gjorde människorna tungsinta och undanträngde den glada punschen, som begär sång och käglor."

Men några år senare har Strindberg anpassat sig. På kvällen vid sju–åttatiden är det "whiskydags" och då vidtar vad Strindberg kallar "den stora whiskydrickningen". Den avslutas alltid på samma sätt.

Framåt morgonen upprepas nämligen oföränderligt samma ceremoni, berättar en av hans vänner, teatermannen August Falck:

"Vi stodo i tamburen lutade mot isskåpet och drucko kall mjölk. Till eftersläckningen låg alltid i isskåpet två ½-litersflaskor mjölk. Och då kom det alltid: – Ser du gosse – om du tar ett provrör och slår whisky i och så slår mjölk ovanpå, så ser du hur mjölken trycker ner whiskyn." (Ur Falck, A: *Fem år med Strindberg*)

Andra spritsorter som dricks ofta hemma hos Strindberg är Genever, Rom, Anisette, Maraschino, Curaçao och Buchanan.

Albert Engström har berättat hur Strindberg på besök i Grisslehamn dricker grogg på ett spe-

ciellt sätt. I ett mycket litet glas häller han en "obetydlighet" whisky och fyller det sedan till brädden med vichyvatten och tömmer blandningen i ett drag.

"Nykterhetens följder" står det under ett självporträtt av Strindberg i ett brev till vännen Pehr Staaff.

KAFFE – EN GUDADRYCK

August Strindberg älskar kaffe. Det är det enda som han så småningom alltid tillagar själv.

I det självbiografiska arbetet *Legender* där han bland annat skildrar sin Lundatid 1897, framhåller han vilken demonisk roll som fridstörare kaffet tidigare spelat i hans bägge äktenskap. Problemen accentueras under hans ungkarlsliv i Lund:

Med dov resignation har jag druckit cikoriakaffe under fem månader utan att beklaga mig. Jag ville se om det fanns en gräns för en ohederlig kvinnas tilltagsenhet (hon som kokar mitt morgonkaffe). Hela fem månader har jag lidit, nu vill jag njuta gudadrycken med den berusande doften. För detta ändamål köper jag ett skålpund av den dyraste kaffesorten. (...)

I morgon alltså den största njutning eller den största smärta! (...)

Städerskan har kokat det uslaste kaffe man kan tänka sig.

Jag hembär det som offer åt makterna, och från den dagen dricker jag chokolad, utan att knorra!

(Ur *Legender*, s 314)

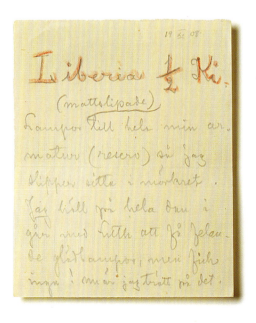

Det usla kaffet rubbar Strindbergs hela tillvaro, så redan i Lund skaffar han sig en kaffekokare av rysk typ.

På ett visitkort ber han sin värdinna i Blå tornet, Meta Falkner, att skaffa ½ Kilo Liberia, finmalet, nymalet.

En av hans vänner, Gustaf Uddgren, berättar om en middag hemma hos Strindberg strax före julafton:

"Strindbergs goda humör stegrades än mer, när måltiden närmade sig sitt slut. Han fick då tillfälle att berätta sin lilla historia om det mystiska vid kaffekokningen, ett af de tema han tyckte mest om af alla.

– Att koka kaffe är en den mest känsliga sak i världen – så ungefär yttrade han. – Pigor kunna nästan aldrig koka kaffe så att kaffet blir godt. Det skall man göra själf. Det har jag alltid gjort och det gjorde Balzac, då han arbetade om nätterna.

Ser ni, kaffet är en känslig dryck. Den tycks kunna ta intryck af den persons sinnesstämning, som kokar den. Är det en magsyremänniska blir kaffet alltid surt.

Och dock består hela konsten att koka godt kaffe endast däri, att man noggrannt observerar kaffet, under det kokningen pågår. Kaffet säger själf ifrån, när det är färdigt.

Efter detta lilla föredrag steg Strindberg upp, tog fram tändstickor och tände på den lilla spritlampan under kaffekokaren, som stod på serveringsbordet bakom honom. Sedan vände han upp och ned på det dubbla kokkärlet med en elegant och van gest, antydande att detta var en sak, som han dagligen utförde. Utan att se åt kokapparaten slog han sig så ånyo ned vid bordet (...).

Precis i den rätta sekunden, reste han sig ånyo upp, släckte spritlågan och bar fram kaffet till bordet, att stå och klarna.

Det *var* också ett utmärkt kaffe han åstadkommit." (Uddgren, G: *En ny bok om Strindberg*, s 134f)

TODDY, BÅL OCH MUMMA

Varm toddy på hett vatten, socker, whisky eller konjak är en vanlig kafédryck på Strindbergs tid:

Då, när skymningen inträder, går han till Phoenix och dricker toddy med en borgare, ty han tycker inte om studenter; de äro för unga för honom och för bråkiga. Han vill sitta tyst och stilla i ett soffhörn och virvla rök, under det att samtalet, helst ett politiskt, rör sig i jämna opassionerade perioder, interpunkterade med små klunkar ur den bruna toddyn. Drack han fler än fyra toddar, kunde han bli sentimental (…). (Ur *I vårbrytningen*, s 126)

Bål dricker man också för att svalka sig med på baler och ofta bland Strindbergs studiekamrater i Uppsala:

*Du bleknade yngling hör upp att arbeta
Tag ut dina fönster – känn luften är blid
Kast bort dina böcker – på lemmarne räta
Tag fram vita mössan – ty nu är det tid
Att sorgerna glömma
Och sen kring en bål
Med vännerna tömma
För Våren en skål!*
(Ur *Dikter på vers och prosa*, s 246)

Och i "Trefaldighetsnatten" beskriver Strindberg själv hur man tillreder en skummande mumma:

*Sedan på kannorna fyll Sankt Eriks skummande Pilsner,
Tag så av Portern som en emot två och blanda med Pilsnern,
Då är gästabud rett på svenskmannavis – Jag har talat!*

(Ur *Ordalek och småkonst*, s 9)

139

TODDY

En gammal välkänd blandning av spirituosa, socker och varmt vatten, påpekar Hagdahl. Namnet sägs komma från det indiska ordet "taddy" (saft av palmträd). Drycken är även bekant under smeknamnet "tuting"; utan socker benämns den "grogg" och dricks då kall.

STRINDBERGS MUMMA

Blanda precis innan mumman skall serveras 2 väl kylda pilsner med 1 kall porter. Vill man ha mumman extra festlig och skummande kan man strö några korn salt i kannan just när mumman blandats. Istället för saltsmulan kan man hälla i 2–5 cl madeira i kannan. Det ger inte mer skum, men en fin och fyllig smak.

VINBÅL

1 butelj bordeauxvin blandas med 2 vinglas sherry, 1 vinglas maraschinolikör (eller pressad citron), socker, 1 butelj sodavatten och några kvistar myska.

CHAMPAGNEBÅL

1 ananas, socker, ½ dl sockerlag tillsatt med lite vanilj, saften och litet av skalen på 2 apelsiner, 1 butelj champagne eller mousserande vitt vin.

Ananasen skalas och skärs i tunna skivor. Apelsinskalen hackas och beströs med fint socker och läggs i den kokande sockerlagen, som får kallna. Ananasskivorna och saften av apelsinerna överförs till en bålskål. Den kalla sockerlagen och champagnen hälls över.

BISCHOFF

En annan omtyckt dryck på Strindbergs tid är Bischoff som är av engelskt ursprung, men lika gärna skulle kunna gå under samlingsbeteckningen bål.

2 buteljer rött vin, 1 butelj vitt vin, 400 g socker, 1 pomerans, 1 flaska kolsyrat bordsvatten.

Sockret värms i vatten och hälls i bålskålen, vinet hälls på och den ituskurna pomeransen läggs i. Bordsvattnet hälls i.

ARRAKSPUNSCH

Punsch sägs ha fått sitt namn efter det persiska ordet "punj" eller på sanskrit "pancha".

Koka en sockerlag på 5 dl socker och 85 cl vatten. Häll sockerlagen över 65 cl gammal arrak.

Liten lukullisk julmiddag

*Julbordet är dukat med vit duk och en liten
julgran med vaxstaplar. Maten står på bordet
och Strindberg väntar på sina gäster.*

Julaftons morgon är inne! Men här hos den gamle filosofen syns intet spår av julglädje, konstaterar Tomten i kammarspelet "Svarta handsken" som först döpts till "Jul". Den Gamle, dvs Strindberg, gör en summering av sitt liv när han vaknar:

I sextio år jag samlat, räknat;
Och en gång, halvvägs, fann jag gåtan —
Det var en natt, jag skrev den på ett papper —
Men det begrovs, är sedan dess förkommet —
Jag gräver som man gräver efter skatter,
Men spaden faller ur min hand,
Mitt huvud tröttas, kroppen vissnar,
Och jag blev ofta liggande som död
När jag det hela ville överskåda

(Ur *Kammarspel*, s 343)

Att fira julen med de sina, att för några timmar glömma ensamheten, tillhör Strindbergs lyckligaste stunder. Julen 1904 efter den definitiva separationen från Harriet Bosse har han emellertid ställt in sig på att fira julen ensam. På eftermiddagen sänder han med bud över lilla Anne-Maries julklappsfiol. Harriet Bosse ringer och tackar och bjuder honom hem till sig på julaftonskväll. Så här skriver Strindberg till Harriet Bosse på nyåret 1905:

Älskade,

*Måste tacka Dig för julafton, hvilken jag gömmer
som ett af mina vackraste minnen — Jag fick se Dig i
den infattning Du skulle ha — ensam, suverän, men
med Din skönaste klenod — barnet!*

Sista julen firar Strindberg
tillsammans med dottern Greta
och mågen Henry von Philp
i deras hem på Hornsgatan.
När han skall hem finns det
ingen bil, utan han får gå.
Det är en lång promenad.
Strindberg blir förkyld och
får lunginflammation.

När Harriet Bosse hittar en ny livskamrat och gifter sig med skådespelaren Gunnar Wingård 1908, slår Strindberg drömmen om en gemensam jul ur hågen. Men när julen närmar sig grips han igen av längtan efter barnet – Anne-Marie. I "Jul" låter han den Gamle både ta hämnd på frun och uppleva julglädje. I ett brev till August Falck skriver han hösten 1908:

(…) *jag skrifver nu en herrlig Julpjes enkom, som heter Jul, och spelar i en enda matsal hos en rik bryggare på 1850-talet! För gamla och unga! Allvarlig och lustig, men i sann julstämning, med tomtar, leksakerna och sagböckerna.* (30.9.1908)

Men helt ensam vill inte Strindberg fira jul. Tre dagar före jul får fru Falkner en beställning:

Litet lukulliskt julbord med ostron och fågel.

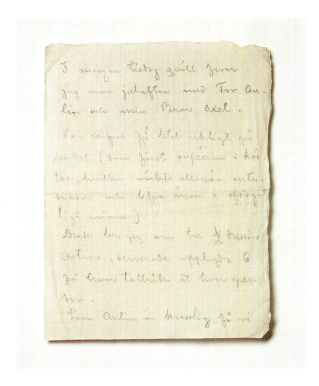

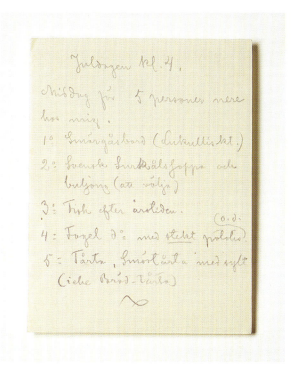

I morgon tisdag qväll firar jag min julafton med Tor Aulin och min Bror Axel.

Ber derföre få litet rikligt på bordet (som första supéerna i höstas, hvilka väckte allmän entusiasm och lefva ännu i oförgätligt minne).

Dock ber jag om tre ½ dussin Ostron, serverade upplagda 6 på hvar tallrik åt hvar person.

Som Aulin är krasslig få vi endast taga fina kot-letter med sparrisstuf som stek.

Bror och jag värdera pressylta eller inkokt gås (med rödbetor) eljes svart kaviar med hackad rödlök, stekt fisk o.s.v. enligt höstprogrammet.

Julen därpå bjuder Strindberg in sina vänner Richard Bergh och Vilhelm Carlheim-Gyllen-sköld på julmiddag:

"Inviteras till torsdag kl 7 i Babelstorn. Sg"

Meta Falkner får på nytt i uppdrag att göra i ordning julmiddagen:

Juldagen kl. 4.
Middag för 5 personer nere hos mig.
1:o Smörgåsbord (Lukulliskt.)

2:o Svensk Surkålssoppa och buljong (att välja)
3:o. Fisk efter årstiden.
4 = Fogel d:o med stekt potatis o.d.
5 = Tårta, Smörtårta med sylt (icke Bröd-tårta)

Även julen 1911 – Strindbergs sista – då han är sängliggande en stor del av tiden, håller han kontakt med vännerna och sina barn. Till sin gamle vän Tor Aulin som också är sjuk skriver han uppmuntrande:

"Der ligger Du – och här ligger jag! Skulle förr ha besvarat dina klagovisor med mina – men tillvaron var mig för pinsam.

Emellertid: God bättring; sjukdomen botar den sjuka kroppen, och alltså själen i andra hand." (5.1.1912)

I *Gamla Stockholm* beskriver Strindberg livfullt sin barndoms jular:

Första söndagen i december sammankallades det gamla borgarhusets barn, och nu öppnades sparbös-sorna; behållningen utgjorde då ett uttryck av äga-

rens flit i skolan under det förflutna året. Kassorna räknades, och sedan en del blivit avsatt till husets pensionärer, (...) uppgjordes program för julklappars inköpande åt familjens medlemmar, från den ostindiska näsduken åt far till tjänsteflickornas schaletter och drängens hävdvunna nattkappa och cigarrmunstycke (...).

Oroande förebud började nu också visa sig i våningen; gardinerna togos ner och de gapande fönsteröppningarne blottades; sängarne började se obäddade ut, ty de vita övertäckena vore försvunna; möblerna flyttade platser och hela huset andades en hemlighetsfull icke otrevlig vantrevnad. I köket var fullt upplopp; slaktardrängen hade varit hemma och styckat grisen, vilket haft till följd en långvarig förrättning med vissa av djurets ädlare delar; en ståtlig pressylta lyste och försvann i källaren för att icke synas förrän den stora dagen; däremot uppträdde grisfötterna redan i förskott vid aftonbordet och istersmöret blev en stående adventsrätt. Man hade sett en hel tunna mjöl vandra till hembagaren, och svensköl

på helbuteljer nerforslades i källaren.(...)

Och i skolan, där hölls provskrivning; det var första julförebudet där; läxorna voro slut och man skulle göra sitt skrivprov under lärarens uppsikt (...).

Nu är dan för dan för dan inne och nu skall uppköpas hos Lejorna.(...) Julklapparne av den onyttiga och roliga sorten utgjordes av tennsoldater, tittskåp, kaleidoskåp, askar med målade hus, trän, människor och djur (...).

Dagen för julafton gå de små med tjänsteflickorna i Julmarknan och se på grenljusen och de med kulört papper utsirade armstakarne (...).

Julaftonen är äntligen inne. Förmiddagen är mycket lång, ehuru förhoppningsfull. Julgranen har anlänt, och sedan dess fot befunnits obrukbar, står den stackarn på lut i ett hörn tills drängen hunnit tillyxa en ny fot. Då klädes den i färgade pappersstjärnor och glaskulor, och i grenarnes ändar sättas bitar av vaxstapel. Så hängas Nisse och Nasse i högsta gren och Julbocken och hela ståten av äpplen och nötter.(...)

Julmarknaden.

Nu tändes julgranen; alla, små och stora, unga och gamla, taga i ring, pigorna hämtas från köket, och vid Orsapolkans vemodiga toner dansas omkring julgranen, icke den yra dansen som uttrycker glädje eller passion, utan den slags dans som en gång tillbaka i tiden har ingått såsom beståndsdel av en religiös kult.(...)

Klockan halv nio sätter man sig till bords. De varje jul återkommande rätterna voro lutfisk, risgrynsgröt och smörtårta, varpå följde vin. Några rimförsök på gröten förekommo icke ofta. (Att gäddan ersätter lutfisken i många Stockholmshus är en känd sak.) Tårtans serverande gav signalen till julklapparnes inbärande i en klädkorg, vilken placerades bredvid fadren, som nu läste upp utanskrifterna, vilka oftast voro beledsagade av skämtsamma titulaturer eller också försedda med vers.(...)

Omkring midnatt först var allting förbi, och man skildes åt med fasta föresatser att gå i julottan som börjades klockan sju.(...)

Annandagen åter var ungdomens dag. Då dansades och lektes om aftonen. De gamle öppnade balen med en promenadpolonäs. Valsen, polkan, françaisen, mazurkan voro de gängse danserna.(...) Bland lekar voro pantlekar de mest omtyckta, och panterna måste lösas ärligt med det mest gångbara betalningsmedel, vilket var en kyss.(...)

Mellan Jul och Nyår började Lussigossarne, som de i Stockholm orätt kallades, att visa sig. De voro klädda på det hävdvunna sättet till Herodes, Tre kungar och Judas, samt buro stjärnan.

(Ur *Gamla Stockholm*, s 43ff)

Gamla Stockholm kommer ut 1882. Julen därpå tillbringar Strindberg sin första jul som utlandssvensk i Paris tillsammans med Siri, barn och barnjungfru. I brev till Sverige skriver han om sin längtan till hemlandets rena snö, sköna luft och varma rum från dimmor, smuts och köld i Neuilly. I Stockholm har Strindbergs pjäs "Lycko-Pers resa" precis haft premiär. För många generationer framåt kommer barn att förknippa just Lycko-Pers resa med jul.

SURKÅLSSOPPA

Ingredienser: 1 vitkålshuvud, kummin, salt, vinättika, skinkspad.

Vitkålen hackas grovt och läggs i en hink, som är bestruken med en blandning av rågmjöl och vinättika. Varva kålen med lite salt och kummin. Stänk lite vinättika över varje varv. Packa kålen hårt och lägg en tallrik med en tyngd som press överst. Låt stå på ett varmt ställe 1–2 veckor, så att kålen kommer i jäsning och börjar surna. Om något mögel visar sig på ytan så ta noggrant bort det. När kålen är färdigsyrad, kan den förvaras hela vintern på kallt ställe.

Innan surkålen används till soppa sköljs den hastigt i kallt vatten. Bryn surkålen i lite smör och späd den sedan med skinkspad till en lagom tjock soppa. Serveras med julkorv eller skinksmörgås.

JULBULLE

Ingredienser (till 4 bullar): 1 l vört, 1 kg rågsikt, ½ kg vetemjöl, 2½ dl sirap, 2 dl mjölk, 50 g jäst, 30 g pomeransskal, 100 g smör, 1 tsk salt.

Vörten kokas ihop till en halvliter. Blanda i rågsikten så att det blir en stadig deg. Låt degen stå på ett varmt ställe över natten. Strimla pomeransskalen och värm dem i sirapen. Morgonen därpå blandas den ljumma mjölken och jästen ner i degen tillsammans med mer rågsikt. Låt degen jäsa upp. Sirapen värms med de strimlade pomeransskalen och smöret samt arbetas in i degen när det svalnat. Blanda i vetemjöl så att det blir en lagom stadig deg. Knåda ordentligt och baka ut till lagom stora limpbullar, som får jäsa ca 30 min. Grädda bullarna (175 grader) i en halvtimme. Pensla dem före gräddningen med kallt vatten och efteråt med varmt vatten så att de får en vacker skorpa.

PRESSYLTA

Ingredienser: ½ grishuvud eller 1 kg färsk fläsklägg, 1 kalvlägg eller ½ kg kalvbog, ca 200 g späck, 2 rejäla fläsksvålar.
Till kokningen: 2 tsk salt per liter vatten, ½ tsk kryddpepparkorn, ½ tsk vitpepparkorn, 1 lagerblad.
Kryddblandning: 2 msk salt, 2 tsk krossade kryddpepparkorn, 1 tsk krossade vitpepparkorn, 1½ tsk ingefära.

Borsta rent grishuvudet och låt det ligga i rikligt med kallt vatten i 12 timmar. Sedan tar man huvudet eller fläskläggen, svålar och kalvlägg, lägger alltihop i en stor gryta och fyller på med vatten så att det precis täcker köttet. Låt alltihop koka upp, skumma då och då och lägg ner kryddorna. Låt det koka sakta tills köttet släpper från benen. Tag upp köttet allteftersom det blir klart. Kalven tar t ex kortare tid än grishuvudet.

Skilj det feta och det magra köttet från varandra. Skär upp det i tunna skivor. Sila spadet. Diska grytan och häll tillbaka spadet i den. Vrid ur en handduk i hett vatten och klä en lagom stor rund skål med den. Skålens insida täcks med breda strimlor av späck och svål. Mal resten av svålen. Varva ner fett och magert kött och strö lite av kryddblandningen mellan lagren, bred också lite av svålmassan mellan lagren. Gör ett hårt runt knyte av handduken med innehåll, bind om ordentligt och låt syltan koka i spadet ca 30 min. Tag upp knytet och lägg det i en flat skål med en tallrik och tyngd över. Syltan skall stå kallt och forma sig i minst ett dygn.

JULGÄDDA
MED PEPPARROTSSÅS

Ingredienser: 1½ kg urtagen, fjällad gädda med huvudet kvar, lagerblad, kryddpepparkorn, ca 1 msk salt, 1 l vatten, 3–4 dl ärtor, dill.

Koka upp vatten, salt och kryddor i en lämplig gryta (lite mindre än gäddan). Lägg i gäddan så att den ligger lätt böjd i grytan. Låt den sjuda sakta i ungefär 20 min. Lägg upp gäddan på ett fat och servera med ärtor och dillkvistar.

PEPPARROTSSÅS

Ingredienser: 100 g smör, 4 msk mjöl, 5 dl av den buljong som gäddan kokats i, 1–2 msk riven pepparrot.

Smör och mjöl fräses tillsammans och späds med fiskbuljongen. Koka upp under ständig vispning, salta. Häll i den rivna pepparroten. Smaka av med salt och vitpeppar.

Barnkalas

*Tärnorna Ada, Eva och Stella
inbjudes på fetvägg på Fettisdagen
för trogen tjenst.*

En av Strindbergs vackraste egenskaper är hans kärlek till barn. Det är en egenskap som lägger ett ljust skimmer om honom, berättar Lunda-vännen Waldemar Bülow.

August Strindberg är verkligen mycket barn-kär. Han skriver regelbundet till sina tre barn i äktenskapet med Siri von Essen: Greta, Karin och Hans, och till Kerstin i Österrike. Han bryr sig om dem, oroar sig för deras hälsa och kom-mer med förmaningar. Redan innan hans barn med Harriet Bosse – Anne-Marie – är fött, skri-ver han brev till den ofödda lilla:

*Mitt barn! Vårt barn! – Vårt Midsommarbarn!
Dina föräldrar gingo i hemmet och väntade på
något, och som all väntan blir lång och kanske trå-
kig, trodde de att de voro tråkiga.(…)*

*Och din sköna moder vaggade Dig på blåa böljor
i det haf som sköljer tre konungariken – och om aft-
narne när solen skulle gå ned, då – i trädgården satt
hon och såg solen i ansigtet för att ge Dig ljus att
dricka.*

*Barn af hafvet och solen, Du sof din första slum-
mer i ett litet rödt murgrönshus i ett hvitt rum der
aldrig hatets ord hviskades ens! och der intet orent
tänktes ens!* (4.9.1901)

Harriet Bosse svarar samma dag: "Barnet mit takker dig for den snille og vakkre hilsen!"

Strindberg med barnen i hotellfönstret i Gersau 1886.

151

Med "Stora landsvägen" knyter Strindberg ihop sitt liv. Ekotemplet i Hagaparken där han lekt som barn får också bli omslagsbild på hans sista verk.

Anne-Marie bor ofta hos sin far i det Röda huset vid Karlaplan och i Furusund. I breven till Harriet Bosse berättar han om hennes framsteg. Hur hon presiderar som värdinna vid matbordet när mamma är på turné: "Lillan som tog emot farbror Axel vid ångbåten, förde honom hem, konverserade honom, och vann honom genast. Vi spatsera alla tre, och Lillan håller oss vid courage, oss som förlorat ankaret i lifvet." (5.6.1904)

Strindberg tar med sig sin dotter på utflykter. Ett nöje som de båda uppskattar är att ta en tur på Djurgården i öppen vagn. När Anne-Marie blir lite äldre får hon också följa med på teatern. När Strindberg och hon en gång är och ser "Lycko-Pers resa", så lovar han henne att skriva ett stycke som är "vackrare".

Det blir sagospelet "Abu Casems tofflor", som handlar om en gammal girig köpman i Bagdad, vars trasiga tofflor ställer till mycket förtret för honom.

När Strindberg flyttar till Blå tornet får Fanny Falkners småsyskon Ada, Eva och Stella del av hans kärlek. Han skojar med dem, köper leksaker till dem, ger dem fickpengar. Flickornas mamma får veta att pengarna skall gå till roliga saker och inte till nyttigheter som kläder och skor. En sommar ordnar Strindberg så att flickorna får bo ute på landet. Det är hans yngre bror Olle som är trädgårdsmästare på Leufsta bruk i Uppland som tar hand om dem. Strindberg skriver då och då till flickorna och frågar hur de har det:

Ada, Eva och Stella...
Skrif och tala om hur Ni har det, och hvad Ni roar Er med. Om Ni längtar hem, om jordgubbarne äro färdiga, och om Ni badar.
Vännen
Aug. Sg

Tack för bref, små barn! Men Ni skola sätta vackrare namn på små vackra kycklingar.
Bada nu snart, så bli Ni friska, så Ni kan äta jordgubbar, när de blommat ut. Helsa Farbror och tacka för Sparrisen, som Mamma fick med af.
Vännen Sg

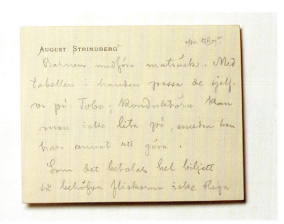

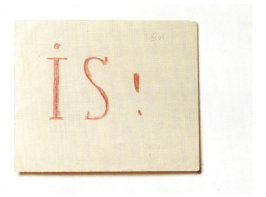

Den lilla lappen med de stora anklagande bokstäverna som väcker sådan bestörtning hos familjen Falkner.

Stella som är yngst berättar senare om sina minnen från tiden på Drottninggatan:

De starkaste minnena är förknippade med trappuppgången. Jag får inte använda hissen utan måste klättra upp och ner för de fem trapporna. Med sina blågröna väggar liknar det ett akvarium. Stella och hennes systrar brukar sitta tysta

I tamburen står det beryktade isskåpet. Länsat på is står dörren halvöppen.

som möss i trappan precis ovanför Strindberg och i smyg försöka få en glimt av den mäktige. Ibland tränger ljud dit ner från hennes stora familj, pianospel, sång och bråk om pengar. Det finns tre saker som Stella tycker är verkligt farliga: Pengar, pappa och Strindberg. Hon kommer särskilt ihåg en gång då det ligger en liten lapp på brickan som kommer upp från Strindberg. Det står bara ett ord med stora röda bokstäver: IS!

Idag finns den lilla lappen tillsammans med Strindbergs många brev och alla hans andra meddelanden till Meta Falkner på Kungliga biblioteket i Humlegården. Stella berättar vilken uppståndelse lappen vållar hos familjen Falkner: Strindberg, deras berömda och enda stadiga pensionatsgäst i våningen under saknar is i sitt isskåp och vichyvattnet är ljummet. Antagligen har iskarlen inte fått betalt vid senaste leveransen. Nu sextio år senare är det lätt att skratta åt men då var det en tragedi, berättar Stella i sin bok om systern Fanny Falkner och August Strindberg.

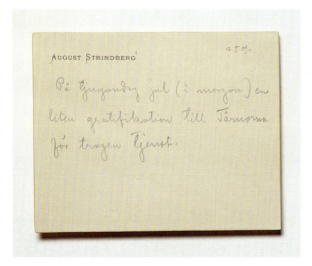

Så småningom förstår Strindberg vilken svår ekonomisk situation familjen Falkner befinner sig i och blir mjukare i tonen. Han månar också på alla sätt om flickorna Falkner.

Småflickorna är även med som statister i "Svanevit". Som tack ordnar Strindberg ett riktigt barnkalas och bjuder dem och sin dotter Anne-Marie på "Fetvägg". Han dekorerar själv bordet med små chokladaskar i vitt och guld i form av musikinstrument − harpor, trummor och trumpeter. Vid varje tallrik ligger det riktiga små placeringskort. Efteråt leker Strindberg med småflickorna och spelar Lotto.

FETVÄGG

FETTISDAGSBULLAR ELLER SEMLOR

Ja, kärt barn har många namn. Här kommer ett recept om du vill pröva att göra bullarna själv.

Ingredienser: 50 g jäst, 150-200 g smör, 5 dl mjölk, ½ tsk salt, 1 dl socker, 1–2 tsk stött kardemumma, 1 ägg, 1,5–1,7 l mjöl.
Fyllning: 200 g grovriven mandelmassa eller 1½ dl riven sötmandel, 1 dl socker, 1 dl mjölk.

Gör en vanlig vetebrödsdeg. Jäs degen i ca 30 min. Gör lagom stora bullar. Jäs dem på plåten ytterligare 20–30 min. Grädda dem i 200–225 grader tills de har fått en vacker färg. Låt dem svalna under bakduk. Skär sedan av ett lock på varje bulle och gröp ur en del av inkråmet. Blanda inkråmet med mandelmassan eller mandeln, sockret och mjölken till en ganska lös smet och fördela fyllningen i bullarna. Lägg en klick vispad grädde på varje bulle och lägg på locken. Sikta lite florsocker över. Servera bullarna som de är eller med varm mjölk och kanel.

I sitt sista verk "Stora landsvägen" låter Strindberg en liten flicka stå vid sista grinden. Hon berättar för honom att hon har namnsdag just den här dagen. Hon tar honom vid handen och visar den fina dockan i sin lilla vagn. När hon ser att han är ledsen försöker honom muntra upp honom:

Vet du vad vi får till middan i dag? – Vi får sparris och jordgubbar! – Varför är du ledsen? Har du tappa bort dina pengar? Du ska få ta en smällkaramell på bordet, men du får inte ta den stora, för den skall Stella ha.

(Ur "Stora landsvägen", s 196)

Flickan berättar att hon heter Maria. Det påminner Jägaren – Strindberg – om de lyckliga stunderna med yngsta dottern Anne-Marie på Blidö och i Furusund. Barnet inger Jägaren nytt mod och ork att ta sig igenom den mörka skogen – den sista anhalten på "Stora landsvägen".

Farväl du fagra syn!
Jag vill ej stå i väg för solen,
Och skugga på de minstes trädgårdsland –
Jag känner fadren här – och modren också –
Du vackra liknelse, en liknelse
Som haltar, men är vacker!
Ett minne kanske, eller mer än så:
Ett hopp – En sommardag i skog
Vid havet – namnsdagsbord och vagga!
En stråle sol ur barnaögon,
En gåva av en liten hand –
Och så framåt igen och ut – i mörkret!

Tack

De människor som står mig närmast är också de som varit med och stött mig från allra första början i arbetet med *Till bords med Strindberg*. Främst tänker jag på Gunnar, min livskamrat sen trettio år tillbaka. Det har varit ett "menage à trois" med August Strindberg som ständig gäst vid middagsbordet, inneboende och sängkamrat. Det har varit en tid då hela familjen – Åsa, Ylva, Björn, Stephan, och på sista tiden även Idun – fått leva med att ha August Strindberg som alltid närvarande familjemedlem. Tack ska ni ha allihop för att ni inte tröttnat på mig och Strindberg!

Jag har haft en ovärderlig nytta av allt det som andra skrivit om Strindberg, däribland min far, Uno Willers och hans morfar E W Dahlgren. Precis som Strindberg var de amanuenser på Kungliga biblioteket i unga år. E W Dahlgren var också skolkamrat och samtida med Strindberg på KB.

Utan tillgång till Språkbanken vid Göteborgs universitet, där Strindbergs brev och de flesta av hans skrifter finns inlagda, hade min jakt på Strindbergs matskildringar blivit mycket mindre givande. Jag hittade där bland annat över 130 referenser till frukostar, 50 till biffstek och 30 till kräftor!

Efter Strindbergs egna föreskrifter odlade Jan Gustafsson i Yxlö by i Stockholms södra skärgård reseda, rädisor, dill, kål, potatis, jordgubbar, bönor och många andra grönsaker.

Jag vill också tacka alla som hjälpt oss på Wärdshuset Lasse Maja i Barkarby, restaurangerna Berns, Grand Hôtel, Hasselbacken, Mosebacke, Operakällaren, Tre Remmare i Stockholm samt Crémerie des Lilas i Paris.

Många museer och institutioner har viktiga Strindbergsminnen i sin ägo, som man låtit mig ta del av: Strindbergsmuseet, Kungliga biblioteket, Nordiska Museet och Vin&Sprithistoriska museet. På Nääs slott fick vi låna det gamla köket och ett av sovgemaken för fotografering, I Eldhs ateljé fotograferade vi de kokböcker som de utsvultna konstnärerna i Röda rummet försökte att stilla sina hunger med.

Ett varmt tack till alla andra som gett oss möjlighet att avporträttera Strindberg i hans egna miljöer: Kymendö, Grez, Lund, Furusund och Blå tornet i Stockholm.

Det är till exempel Margareta Willers, som arrangerade Strindbergs läx- och äventyrsläsning i skenet från en fotogenlampa, familjen Wahlström (ättlingar till Madam Flod) på Kymendö, som lät mig låna Strindbergs eget porslin och syrenberså, Maria Biörklund, som lät oss fotografera Strindbergs teckningar som hon fått ärva, madame Bernadette Plissart på Hôtel Chevillon i Grez som såg till att vi under några dagar fick njuta av samma atmosfär som inspirerade Strindberg för många år sen, Margareta Wagner i Schweiz, vars detektivarbete gjorde det möjligt för oss att återskapa den fantastiska sjurättersmenyn på Hotel Victoria i Chexbres, Britta och Bengt Erlandsson på Tomegapsgatan i Lund, som förmedlade berättelsen om Strindberg och hans förkärlek för ärtsoppa och som i sitt hem samlat många minnen av Strindberg.

Margareta Söderberg, Gunilla Lonæus, Bo Berling, Arne Björkman och Barbro Ek på Bonniers som med sina stora kunskaper lyckats lotsa hela projektet i hamn är några som jag vill tacka särskilt.

Ett tack även till Björn Lundbladh som tog de första bilderna som nu återfinns i kapitlet om gåsmiddagen i Blå tornet.

Catharina Söderbergh

Receptregister

August Strindberg 1849–1912

1849 Föds 22 januari på Riddarholmen

1851 Familjen flyttar till Drottninggatan 74 (nuvarande PUB)

1856 Familjen flyttar till malmgårdar vid Norrtullsgatan, börjar i Klara skola

1862 Modern, Ulrika Eleonora Norling, dör i tbc

1863 Fadern Carl Oscar Strindberg gifter om sig

1866 Anställning som informator i Ösmo

1867 Studentexamen. Studier i Uppsala

1868 Tjänst som folkskollärare i Klara skola och informator

1869 Söker sig till scenskolan vid Dramaten. Misslyckat försök som skådespelare

1870 Åter till Uppsala

1871 Första sommaren på Kymendö

1872 Avbryter studierna utan examen. Sommaren på Kymendö, skriver "Mäster Olof"

1873 Journalist på Dagens Nyheter

1874 Lämnar Dagens Nyheter, börjar arbeta på Kungliga biblioteket

1875 Träffar Siri von Essen

1876 Siri von Essen skiljer sig från C G Wrangel

1877 Gifter sig med Siri von Essen. Skriver *Från Fjärdingen till Svartbäcken*

1878 Parets första dotter dör två dagar gammal.

1879 Skriver *Röda rummet*, genombrott som författare

1880 Dottern Karin föds. Tillbringar somrarna 1880-83 på Kymendö

1881 Dottern Greta föds. Lämnar KB

1882 Flyttar med familjen till Storgatan 11

1883 Reser med familjen till Grez-sur-Loing och Paris

1884 Till Schweiz. Sonen Hans föds. *Giftas I* utkommer. Åtal. Återvänder till Stockholm för att försvara sig, frikänns. Åter till Genève

1885 Genève, Paris, sommaren i Normandie, därefter i Grez

1886 Börjar skriva *Tjänstekvinnans son*, bor i tyska Schweiz och Frankrike. Köper en kamera

1887 Bor i Lindau i Bayern. Skriver *Hemsöborna*, skiljer sig från Siri von Essen

1888 Bor i Taarbæk norr om Köpenhamn. Skriver "Fröken Julie"

1889 Lämnar Danmark och bor på sommaren i Sandhamn och på Runmarö

1890 Bor i Vaxholm, Boo på Värmdölandet och Runmarö. Reser i Sverige

1891 Skilsmässan från Siri von Essen klar

1892 Bor i Berlin. Skriver *I havsbandet*

1893 Möter och gifter sig med österrikiskan Frida Uhl

1894 Dottern Kerstin föds. Reser kors och tvärs i Europa

1895 Genomgår en rad psykoser, ägnar sig åt "guldmakeri". Reser bland annat i Österrike

1896 Bor i Paris och Österrike, börjar föra sin *Ockulta dagbok*

1897 Bor först i Lund, sedan åter i Paris. Skriver *Inferno* på franska

1898 Skriver "Till Damaskus" i Paris, sedan åter till Lund

1899 Firar 50-årsdag i Lund, återvänder till Stockholm

1900 Möter Harriet Bosse, skriver "Till Damaskus I och II"

1901 Gifter sig med Harriet Bosse, flyttar in i det Röda huset vid Karlaplan

1902 Dottern Anne-Marie föds

1904 Skilsmässa. Sommaren i Furusund, skriver *Svarta fanor*

1906 *En blå bok* påbörjas

1907 *Svarta fanor* utges

1908 Harriet Bosse gifter om sig. Flyttar till Blå tornet och förälskar sig i Fanny Falkner

1909 Stora hyllningar på 60-årsdagen

1910–11 Strindbergsfejden

1912 Avlider 14 maj och begravs på Norra kyrkogården

Litteratur och bildkällor

De flesta citaten är hämtade från Nationalupplagan av Strindbergs samlade verk och Strindbergs brev volym I–XX.

Citat ur verk av Strindberg, som ännu 1998 inte hunnit publiceras i Nationalupplagan, har hämtats från John Landqvists utgåva *Samlade skrifter* samt från *Ockulta dagboken*, red Harry Järv, 1977.

Ahlström, Stellan & Eklund, Torsten (red): *Ögonvittnen. August Strindberg,* del I & II, 1959, 1961

Bonnier, K O: *Bonniers. En bokhandlarefamilj,* del IV, 1931

Bonnier, Tor: *Längesen. Sammanklippta minnesbilder,* 1972

Brandell, Gunnar: *Strindberg – ett författarliv I–IV,* 1983–89

Bergengren, Kurt: *Skärgårdsbåt till sommarnöjet,* 1965

Dahlgren, E W.: *Stockholm,* 1897

Dahlgren, E W: *Min lefnad. Minnen,* 1930

Dahlbäck, Kerstin: *Ändå tycks allt vara osagt,* 1994

Dubois Janni, Thérèse: *August Strindberg,* 1972

Eklund, Torsten: *Breven till Harriet Bosse,* 1965

Eklund, Torsten: "Idag har jag Gudamat! Kom och ät middag!" i *Gastronomisk kalender,* 1970

Engström, Albert: *August Strindberg och jag,* 1985

Erlandsson, Hans: *Livet i Tomegap vid sekelskiftet.* Föredrag hållet 4 februari 1949 för föreningen Lundensare i Stockholm. Lunds stadsbiblioteks lundasamlingar.

Falck, August: *Fem år med Strindberg,* 1935

Falkner-Söderberg, Stella: *Fanny Falkner och August Strindberg,* 1970

Gamla Lund i Per Bagges bilder, text Nils Palmborg, fotografiskt arbete Jan Inge Larsson, 1976

Hagdahl, C E: *Kok-Konsten som vetenskap och konst,* 1879

Hellqvist, P-A: *Jag är en djefla man,* citatsamling, 1994

Hellqvist, P-A: *En sjungande August,* 1997

Hemmingsson, Per: *Strindberg som fotograf,* 1989

Kullenberg, Annette: *Strindberg – murveln,* 1997

Lagercrantz, Olof: *August Strindberg,* 1979

Lagercrantz, Olof: *Eftertankar om Strindberg,* 1980

Larsson, Carl: *Jag,* 1931

Lindeberg, Karin & Utter Wahlström, B-M: *Kymendö. Strindbergs Hemsö,* 1992

Lundin, Claës & Strindberg, August: *Gamla Stockholm,* 1882

Lundin, Claës: *Nya Stockholm,* 1890

Rasmussen, Alice: *Strindbergs hem och vistelseorter i Norden,* 1997

Sommar, Carl Olov: "Stockholmspromenad med Strindberg", *Bokvännen,* 1972

Sommar, Carl Olov: *Strindberg på Östermalm,* 1980

Sommar, Carl Olov: "Strindberg på restaurang", *Bokvännen,* 1986

Sommar, Carl Olov: *Strindberg på resa,* 1995

Strindberg, Frida: *Strindberg och hans andra hustru,* del I & II, 1983

Uddgren, Gustaf: *Boken om Strindberg,* 1912

Uddgren, Gustaf: *En ny bok om Strindberg,* 1912

Wennberg, Kåa: *Strindberg på Brevik,* 1994

Willers, Uno: *Från slottsflygeln till Humlegården,* 1962

Willers, Uno: *Strindberg om sig själv,* 1968

Wretman, Tore: *Svensk husmanskost,* 1967

största skulderna, fastän de ej tro
det, men de skulle icke ha råd att
äta sill och potatis, ännu mindre
än gåslefverpastejer. Och de kunna
aldrig betala sina skulder, det är
det värsta.

Den som skrifvit 2 volymer på
2 månader och vill hvila sig går
en lustresa på två dagar, för att
äta godt, se på vacker utsigt, spela
fint biljardspel. Så finner han då-
ligt väder, får dålig mat, blir våt
om fötterna, spill af resa, finner då-
lig biljard, och så skall han roa
sig vaktande han ej finner nöjet
han sökte. Hur skall det gå till?
Man skall dikta att det är roligt!
Ja, men han var trött på dikta,
och ville hvila i verkligheten som
han ej fann.

Om jag gycklar framtiden är så-
hedt då jag redan gycklat samtiden
i så hög grad.

Att mina pretentioner äro stora